U0067622

做人靠手腕

摸清對方的心理，做事才會更加順利

做事靠手段

全新增訂版

莎士比亞曾經寫道：

「想要成功，就必須在對的時機做對的事，就像船要出海的時候，必須趁著漲潮的時候。」

確實如此，活在這個人人都絞盡腦汁想要出人頭地的時代，想讓自己快速獲得成功，做人做事除了要比別人努力之外，更必須及時調整自己的思考模式與行動準則。要讓腦袋適時轉彎，該用手腕的時候就運用手腕，該靠手段的時後就施展手段。

不知道審時度勢，不知道做人做事訣竅的人，永遠不可能是人生戰場的贏家。

陶 然

【出版序】

你不能不知道的生存厚黑法則

・陶　然

從來沒有一個世紀是愚騃無知之徒的世紀——他們充其量不過是任由豺狼宰割的羔羊；他們想擁抱時代，時代卻無情地吞噬、遺棄、嘲弄他們。

想在競爭激烈的社會存活，你必須學會一些生存智慧；想在社會出人頭地，你更需要一些厚黑心機。

就本質來說，智慧和厚黑的內容是相同的，只不過是同一種應對模式的正反說法，岳飛用的時候，我們稱之為智慧，秦檜用的時候，我們叫它厚黑。

古往今來的歷史經驗與生活教訓告訴我們：成功的秘訣就是智慧。唯有智慧才能使人脫胎換骨，也唯有智慧才能改變人生！

諸葛孔明向來被視為智慧的化身，英姿煥發，才智溢於言表，手執羽扇頭戴綸巾，談笑間敵軀灰飛煙滅，何其瀟灑自如！他靠的是什麼？答案是智慧。

《西遊記》中的齊天大聖孫悟空護送唐僧前去西天取經，歷經九九八十一難，上天入地，翻江倒海，橫掃邪魔，滅盡妖孽，何其威風暢快，激動人心！貫穿整部《西遊記》的是什麼？答案還是智慧。

許多世界知名將領身經百戰，洞察敵謀，所向披靡，締造一頁頁傳奇。他們何以能叱吒風雲，在險惡的戰場屢建奇功？靠的還是鬥智不鬥力的智慧。

拿破崙橫掃歐洲大陸，如入無人之境；愛迪生一生發明無人能出其右，廣為世人稱道，原因都在於他們懂得搭建通向成功的橋樑，擁有打開智慧寶庫的鑰匙。

當你前途茫茫、命運乖舛，輾轉反側卻不得超脫的時候，你需要智慧；當你面臨群丑環伺，想要擺脫小人糾纏之時，你需要智慧。

在你身陷絕境，甚至大禍迫在眉睫之際，想要化險為夷、反敗為勝，你需要智慧；在你萬事俱備只欠東風的時候，如何把握機稍縱即逝的良機，你需要智慧。

在你身處險境、危機四伏時，想躲避來自四面八方的暗箭，你需要智慧；在你

春風得意馬蹄疾揚的時候，如何不致中箭落馬，更需要智慧。

在十倍速變化的新世紀裡，古人所說的「離散圓缺應有時，各領風騷數百年」景況將不復出現，一個人的影響力、穿透力至多只能維持數十年。我們當中，只有極少部分的人能靠著智慧和不斷自我砥礪，而獲得通往成功的通行證，絕大多數的人都將繼續在失敗的泥沼中跋涉，最後慘遭時代吞噬。

更殘酷地說，從來沒有一個世紀是愚騃無知之徒的世紀——他們充其量不過是歷史煙塵中庸碌的過客，或者任由豺狼宰割的羔羊；他們想擁抱時代，時代卻無情地吞噬、遺棄、嘲弄他們。

無疑的，二十一世紀是智者通贏的世紀，我們既面臨空前無情的挑戰，同時也面臨曠世難遇的機遇。

失意、落敗、悲哀無可避免地會降臨在那些愚騃懵懂、懦弱無能的人身上，這些人將成為時代的棄兒，被遺棄在歷史的垃圾堆。

成功的機遇則會擁抱那些充滿智慧、行事敏捷、勇於進取的人；唯有這些人方能成為時代的驕子，分享新世紀的光輝和榮耀。

洛克維克曾經寫道：「狼有時候也會保護羊，不過，那只是為了便於自己吃羊。」

在這個誰低下脖子，誰就會被人當馬騎的年代裡，如果想要在競爭中生存下去，就要具備厚黑的智慧，既要通曉人性的各種弱點，又要懂得運用為人處世的技巧。

本書要教導讀者的，就是在人性叢林中成功致勝的修身大法。

內容包含兩個層面，一是自我素質的快速提昇，透過吸收書中列舉的借鏡與知識，累聚各式各樣必備的智慧，增進自身的涵養；一是徹底摸清人性，修習為人處世的技巧，運用機智、適當的手腕，適時發揮本身所具備的才能。

這兩者正是獲得成功的最重要因素，也是決定性的因素。

如果你不想淪為時代的棄兒，如果你不想繼續在失敗的泥沼中寸步難行，那麼，本書無疑將是你不可或缺的人生重要讀本。

01. 做個聰明的老實人

做人應當誠實正直，不要有害人之心，不過，防人之心也不可無，畢竟人的心思是很難讀懂的，必須提防別人口蜜腹劍的算計。

02.

你的情義只是別人的工具

一旦被情義這頂大帽子套牢，就會被別人牽著鼻子走，失去了自我，這樣的情義只是一廂情願的自我折磨，又有什麼價值和意義？

03. 想做大事，要先學會做人

我們如果連最基本的人際關係都做不好，又怎麼能圓滿地達成必定會繁複糾結的各項人事呢？

04.

為自己營造聲勢，就能創造優勢

人為即是天意，無論是陳勝、趙匡胤，還是歷史上其他風雲人物，都是靠著自己營造聲勢而領盡一時風騷。

05.

自作聰明，小心惹禍上身

人可以沒有大智慧，但是絕對不要亂耍小聰明，否則就會步上楊修的後塵，為自己招來禍害，死得不明不白。

06. 見機行事就能創造優勢

懂得見機行事，就能創造自己的優勢；只要能夠隨機應變，適時以退為進，就能創造無限商機。

07. 為自己選擇，一個最好的跳板

就像古時候封建貴族們擁有自己領地和城池一樣，你也應該為自己好好地挑選一個有利的戰鬥位置，才能據此「攻城掠地」。

08.

以柔克剛，才不會兩敗俱傷

以剛克剛，容易落得兩敗俱傷，面對剛烈之人，更應以己之

長克其之短，而不是硬碰硬，推向玉石俱焚的危險態勢。

09. 意氣用事，吃虧的必定是自己

寧為玉碎雖然是做人的一種原則，忍辱負重更是為人處世的一種智謀。以忍耐態度應對不利局面，無疑是高明的辦法。

10. 掌握心理需求，就能得心應手

抓住心理需求，讓他人的願望得到滿足，之後再求對方辦事，一來一往過程中，你無須付出太多心力，卻能使自己的人氣不斷提升，辦起事來得心應手。

01

做個聰明的老實人

做人應當誠實正直，不要有害人之心，
不過，防人之心也不可無，
畢竟人的心思是很難讀懂的，
必須提防別人口蜜腹劍的算計。

推測動機，便能佔盡先機

要搶在對手行動前就估算出他的想法，最重要的一點，便是猜測對方的動機，明白之後再細細加以策劃，並且一步步確實執行。

《孫子兵法・九變篇》說：「是故智者之慮，必雜於利害，雜於利而務可信也，雜於害而患可解也。」

聰明的人在考慮問題、制定謀略的時候，一定要兼顧利與害這兩個方面。既要充分考慮到有利的方面，同時也要考慮到不利的一面，保持清醒的頭腦。

中國有句諺語：「智為謀之本，謀為智之策。」

第一流的智者，能夠料事如神。尤有甚者，在身死之後尚能留有餘威，穩控局勢，諸葛孔明無疑便是一個家喻戶曉的典型。但早在戰國時期，還有一個人也同樣

能做到死後逞威，讓殺害自己的兇犯自投羅網，為自己報大仇。

這個人，就是戰國時代大名鼎鼎的說客，身佩六國相印的蘇秦。他不僅嘴上功夫了得，權術之精，識見之遠，心計之深，更是一般人遠遠不能及。

蘇秦先是在趙國當相國，在位期間為了防止強大的秦國進攻，採取「激將法」，將自己的昔日同學、才能不下於他的張儀激到秦國。張儀拜見秦王後，一番策論說得秦王心服口服，馬上奉為上卿。

此時，張儀身邊某個一直陪伴並接濟他的人才表明身分，說自己乃是蘇秦的門下客，蘇秦這麼做無非是為了激發他的上進心。張儀感激得涕淚俱下，決心奮盡平生之力阻止秦王攻趙，秦趙兩國因此有了長達十五年的和平。

此後，齊魏兩國合兵攻趙，蘇秦的六國合縱抗秦計劃以失敗告終，於是跑到北方的燕國；在燕國待不了多久，再度舉家南下出走齊國。他的一番言談，令齊王佩服激賞不已，於是奉為上賓，給予極豐厚的封賞。

誰知陰陽逆轉，禍福相乘，蘇秦的得意受寵卻激起了齊王身邊大臣的不滿，對

這位後來居上者感到無比嫉妒，於是不惜重金聘請刺客，趁蘇秦不備將其刺成重傷，兇手則逃之夭夭。

齊王得知蘇秦被刺，急忙趕來探望，蘇秦見到齊王，便囑咐道：「等我死後，您便宣告天下，說我是燕國的奸細，此行正為顛覆齊國而來，並且，選個熱鬧日子在鬧市上把我五馬分屍，順便連家人也統統趕出國境。這時刺客便會迫不及待跳出來討賞，到時您再把他殺掉，為我報仇便是。」

見齊王含淚應允，蘇秦終於嚥下最後一口氣。

齊王回去後，便一一按照蘇秦的吩咐進行。

他命人即刻宣告天下，說蘇秦本來是燕國派來的奸細，罪該萬死，不知是哪位壯士所為，替天行道，齊王將重重有賞。

刺殺蘇秦的兇手看到公榜後，樂不可支地跑到朝廷來領賞，誰知得意洋洋的他不但沒領到賞金，反而讓腦袋搬了家。

同時，在兇犯的招供下，幕後主謀也一一落網，受到了懲罰。齊王依著蘇秦的最後一計，完美俐落地替他報了殺身之仇。

蘇秦的「最後一計」，很高明地示範了料敵機先的絕妙本事，讓人不得不為其深謀遠慮感到嘆服，智者之名，當之無愧。

要搶在對手行動前就估算出他的想法和做法，最重要的一點，便是猜測對方的動機，明白動機之後再細細加以策劃，並且一步步確實執行，如此一來，局勢的演變一定不出預料。

擬定策略講究的是準確估量敵情，如此才能贏得最終勝利。這一點，遠在戰國時代的蘇秦便已經為我們做了最完美的示範。

做人靠手腕，做事靠手段

告訴別人你的決定，但不要告訴他理由，你的決定有可能是對的，但是理由通常是錯的。

——法莫瑞

做個聰明的老實人

做人應當誠實正直,不要有害人之心,不過,防人之心也不可無,畢竟人的心思很難讀懂,必須提防別人口蜜腹劍的算計。

法國大文豪大仲馬曾經這麼說:「上帝限制了人的成功力量,但卻給了人算計別人的心機。」

正因為如此,一個精明的人,若想在做人或做事之時不遭人算計,就不能盲目信任別人,因為,你以為的那些好人,不一定就是好人!有時候,外表和善的人,其實才是最奸詐狡猾的。

古人一再提醒我們:「防人之心不可無」,強調與人合作或共謀時,在尚未熟

悉對方的確實情況之前，千萬要小心謹慎，不要讓自己過度地暴露個人心思，這樣才不會被有心人利用，讓自己陷入危機之中。

總而言之，就是要設法做個聰明的老實人。

唐高宗死後，武則天開始垂簾聽政。為了順利得到天下，並壓制宗室大臣的不服與反抗，在東門設立「銅匭」，下令如果發現任何圖謀不軌的情況，都可以用密函的方式，將信件扔進銅匭，只要密報經查證後確實無誤，告密者便可以得到封官晉祿的獎勵。

當時有位胡人李元禮，便是因告密成功，獲得了游擊將軍的官銜。

其他像是尚書都事周興、來俊臣等人，見狀也紛紛效法，競相羅織他人的罪名，讓自己的官運扶搖直上。

在這些人當中，以周興最為機敏狡詐，當時他豢養了一批專門告密的地痞流氓，每當他想陷害某人時，便會命令這些流氓前來告密，然後弄假成真。

為了逼供，周興挖空心思製造了一系列令人不寒而慄的刑具，還將這些刑罰取

了一些好聽的名目,如定百脈、突地吼、鳳凰曬翅、仙人獻果、玉女登梯……等等。

受審的嫌犯一看到這些「別出心裁」的刑具,早就被嚇得魂飛魄散,無不立即招供,以免受罪煎熬。

然而,風水輪流轉,這天周興居然被人告密了,說他串通其他人試圖謀反,蓄意奪權,武則天對此事甚為重視,立即指派來俊臣審理此案。

曾與狼狽為奸的來俊臣深知,周興是憑著告密用刑起家的,想要讓他老實招供並不是件容易的事。

於是,他先邀請周興一同飲酒,席間不斷地稱讚周興,鬆懈他的心理防衛,最後向他請教:「周兄,我最近碰到了一個十分狡猾的犯人,各種刑具我都用過了,他就是不肯招供,不知道你願不願意教我幾招?」

已經被來俊臣捧得飄飄然的周興,不知其中有詐,不假思索地對來俊臣說:「老弟,我跟你說,如果你把這個狡猾的囚犯放入一個大甕,然後架在火上烘烤,你想他招或不招?」

來俊臣一聽,樂得拍手稱妙,立即派人搬出來大甕,並架起柴火。

周興一看這陣仗，原來的好氣氛都被弄壞了，不悅地問：「老弟，難道你要在這裡審訊犯人嗎？」

只見來俊臣笑著命人撤去殘席，接著拿出武則天的敕文，板起臉孔對著周興說：

「請君入甕吧！」

果然，周興還未置身大甕，便馬上招供。

雖然這是則發生在唐朝的歷史典故，然而，卻是做人做事上常用的厚黑謀略，必須時時以此警惕自己。

做人應當誠實正直，不要有害人之心，不過，防人之心也不可無，畢竟人的心思是很難讀懂的，必須提防別人口蜜腹劍的算計。

如果你在得意之時，不小心謹慎，輕易地暴露了自己的實際情況，恐怕會讓自己一直處於失敗之勢！

想要當好人之前，必須先學會如何做個聰明人。

在爾虞我詐的社會裡，奸巧和權謀並不少見。不論做什麼事都要多留一點心眼，

千萬別天真地盲信「人性本善」，否則，當你被出賣、被陷害的時候，就只能欲哭無淚了。

做人靠手腕，做事靠手段

世界上到處都進行著各種形式的戰爭，沒辦法，我們就是愛打仗。我們不是防守的一邊，而是進攻搶奪的一邊。

——大衛·漢考克

製造玄機就能化解危機

競爭過程中，原本就是要虛實交互運用，讓競爭對手握不住你的實力，從而無法與你進行對抗。

自己的真實力量，有時需要向對手全部展示，但有時候也要巧妙地掩藏起來。

至於什麼時候該進行「火力展示」，什麼時候又該隱藏實力，則要依實際情況而定，只要運用得當，自然能受益無窮。

孫臏和龐涓都是鬼谷子的學生，後來龐涓先行下山，當上了魏國駙馬，並陷害孫臏受到「臏刑」，導致雙腳殘廢。孫臏脫險之後，先以圍魏救趙之策大挫龐涓的銳氣，然後又在戰場上與龐涓正面決戰。

孫臏技高一籌,鬥智而不鬥力,運用「減灶法」製造假象,在戰場上逐漸減少

燃灶的數目,讓龐涓誤以為孫臏節節敗退,命令手下軍士緊追不捨。

直到兩軍在馬陵道會戰,孫臏依計整合全部兵馬迎頭痛擊,龐涓才知道中計,

最後被亂箭射死。

這是戰場上的謀略,所謂知己知彼,百戰百勝,商場之中也是如此。

首先,要對自己有正確的評價,然後瞭解對手的虛實,先適度地隱藏自己的實

力,學會製造假象,讓對方錯估情勢,進而為自己製造絕佳的優勢。

曾經,有家銀行忽然傳出財務不穩的消息。

當時已經接近下班時間,那間銀行馬上被擠兌的人潮擁得水洩不通,此時如果

處理不當,銀行很有可能會就此倒閉。

所幸,該銀行的經理鎮定自若,不慌不忙地將庫存的現鈔全部搬了出來,一面

延長銀行營業時間,另一面緊急向同行拆借現金。

當趕來擠兌的人，看見現場現金如此充足，不禁相信銀行的實力沒有問題，大都認為財務不穩的消息應該是個謠言，再加上大排長龍地等待，實在浪費時間，便放心地回家休息，擠兌的人數立即明顯變少了。

另外，一些銀行大戶看見銀行的情形穩定，又想到提領完現金還有被搶的風險，索性相信銀行，省得為自己增添麻煩，這場擠兌風波就此煙消雲散。

俄國作家高爾基曾經寫道：「在這一切都處於競爭和角逐的世界上，是沒有童話般的幻想和多愁善感存在的餘地。」

確實，在人性戰場上，上演的是一場場鬥智鬥力的競賽，比的是做人手腕和做事手段，如果你對人性抱持過多美好幻想，不懂得揣摩各種可能發生的狀況，永遠都只是可憐的輸家。

曾經有某家上市公司，因為市場派和當權派爭奪經營權，藉著拉攏股權的方式爭奪不休。在股權開始進行登記之後，市場派四處活動，到處請託送禮，拉攏的股

權很快地便超過了當權派。

兩者股權拉長了距離之後,市場派預估其餘小股東不會出席,又見當權派無力拉攏,眼見局勢已定,便自信滿滿地認為,一切穩操勝算,對當權派的注意力逐漸鬆懈,甚至開始為奪權成功大肆慶祝。

未料,當權派早就暗中拉攏其餘的分散股權,努力邀請他們聚餐歡敘,並在登記截止的期限前一刻,帶著小股東全數前往會場,進行登記手續。

這個情況讓市場派頓時傻眼,面對這樣致命的一擊,根本無法招架,在完全沒有掙扎的餘地之下,只能以奪權失敗而告終。

不管任何形式的競爭,很多時候就像孫臏與龐涓決戰的現代翻版,說明競爭過程中,原本就是要虛實交互運用,讓競爭對手握不準你的實力,無法與你進行對抗。

這幾則隱藏實力與展示實力的方法,都表現得恰到好處,合理地利用自己的實力,然後稍加隱蔽,沒有讓人窺破其中的玄機,巧妙地扭轉對方的心理,讓成功穩固地站在自己這一邊。

所以，捉準時機，將優點掩飾起來，讓對手鬆懈怠惰，甚至對你毫無防備，掉

以輕心，直到遭遇你的正面進攻才驚醒，但卻為時已晚，這也是謀求獲勝的策略中，

最常運用的方法之一。

做人靠手腕，做事靠手段

競爭優勢是指你比其他人有更優越的條件，它是利用來使你比競爭對手更有吸

引力、更有效能。

——威廉・萊修

想出更好的致勝方程式

處理棘手事情的時候,別老是直線思考,有時要把問題上下左右思考一番,才會有更好的致勝方程式出現。

做人多一點心機,並不是什麼可恥的事,重點在於如何將心機用在正確的時機。

行駛在人性高速公路上,「心機」絕對是讓你避免受重傷的「安全氣囊」。

精於用兵之道的人,往往能從常理之中洞悉對自己最有利的情況,然後採取違反一般人思考邏輯的方法行事,進而出奇制勝。

這就是所謂的「逆向思考」,只不過,很多人自以為自己在逆向思考,其實只是重新安排自己的偏見。

古希臘的荷馬史詩《伊利亞特》中，記載了一則最著名的特洛伊戰爭，當時聯軍為了攻破特洛伊城，費盡心機想出一條計策。

兩軍交戰時，聯軍假裝節節敗退，倉皇之中丟下了內藏大批精兵的木馬。

特洛伊人眼見敵軍敗走，不禁歡聲雷動，便順理成章地將這個巨大的木馬視為戰利品運回城內。

當晚，特洛伊人為慶祝勝利而狂歡的時候，木馬內暗藏的精兵一擁而出，殺得特洛伊人驚慌失措。而在城外守候的聯軍將士們，一發現城內烽火四起，也立即向城內進攻，一舉佔領了特洛伊城。

這正是著名的「木馬屠城計」。

像這類「逆向思考」方法，運用在經商謀略中，同樣能出奇制勝。

美國就有一位名叫麥克的精明商人，很喜歡研究有關商業貿易方面的法律，只要一發現漏洞，便會趁機大撈一筆。

有一次，麥克在法國購買了一萬副女式皮手套，但是按照當時的貿易規定，這批貨物要進口到美國必須繳納高額的關稅。他為了減少稅額，便開始思考新的進貨方式。

最後，他想出一個讓人意不到的方法，將手套分為兩批，第一批先運回美國，另外一批則原封不動。

先運回的手套如期抵達，麥克卻故意不去提貨。依海關法律規定，逾期存放的貨物會被充公拍賣，他那批手套自然也難逃此運。

拍賣之日，前去標購手套的商人為數不少，麥克置身其中，不動聲色。

當負責拍賣的官員打開包裝一看，不禁大叫一聲，原來運來的手套儘管材質精美，但都是左手手套，根本無法在市場上販售。

現場熱絡的氣氛頓時冷卻，最後只剩麥克一人還在場內。於是，麥克便以極低的價格買走了所有的手套。

很快的，麥克又運來第二批手套，這次他把一萬隻右手手套兩兩相配，冒充成一左一右的「正常」手套。

結果，此計成功，海關人員只收了麥克五千副手套的關稅。

如此一來，麥克只用了一半的關稅，外加拍賣左手手套時所花去的一小筆費用，順利地將一萬副手套，運進了美國境內。

「怎樣才是最有利的方法，如何才能出奇制勝獲得成功？」

相信這個疑問，必定在許多力求成功的人心中，不斷地思考著，但是，大家都只在既定的思路上來回探索。

其實，處理棘手事情的時候，別老是直線思考，有時要把問題上下左右思考一番，才會有更好的致勝方程式出現。

像故事中的木馬戰略，像是商人麥克的另類方法，凡事只要能轉個彎想，便能找到另類的成功技巧。

莎士比亞曾經寫道：「想要成功，就必須在對的時機做對的事，就像船要出海，必須趁著漲潮的時候。」

確實如此，活在這個人人都絞盡腦汁想要出人頭地的時代，想讓自己快速獲得

成功,做人做事除了要比別人努力之外,更必須及時調整自己的思考模式與行動準則。要讓腦袋適時轉彎,該用手腕的時候就運用手腕,該靠手段的時候就施展手段。要是做人欠缺手腕,做事不會耍手段,又不知道審時度勢,永遠不可能是人生戰場的贏家。

做人靠手腕,做事靠手段

一個想法僅僅是一個出發點而已,一旦你把它詳細說出來,它就已經受到思想的改造了。

——畢卡索

清楚看見小人的計謀

為了保有自己的既得利益，工於心計的人比比皆是，在解讀小人的成功技巧之時，我們更要看清其中計謀，用以保護自己。

幽默作家蕭伯納曾說：「當一個人想謀殺一隻老虎時，他會說那是遊戲，但當這隻老虎要殘害他時，他卻說那是殘暴。」

的確，在「伴君如伴虎」的時代，凡是熟諳厚黑權謀的人，為了避免別人對自己的譴責，經常會用美德的外表和漂亮的藉口，來掩蓋自己犯下的任何錯誤，甚至施展害人的毒計。

古代的皇帝身邊，經常都會有一些心術不正的臣子包圍，他們總是竭盡心力，施展狡詐的手段，將皇帝圈禁於深宮之中，阻斷其他臣子的進諫與發展，堵塞了臣

下的進言，使君令不能下達，下情不能上通。

有一天，趙高對秦二世說：「天子之所以崇隆尊貴，就是因為臣下只能聽到天子的聲音，但是不能直接見到天子的面，所以天子自稱為『朕』。先帝在位的時間長，經驗豐富，對群臣也都有所了解，群臣不敢在先帝面前胡說，如今陛下年紀尚輕，許多事情還不很熟悉，舉措如有不當，群臣就會立即發現陛下的短處，這有損於天子的神明。今後陛下比較適深居內宮，臣下的奏章送來之後，可以與我或精通法律的近侍商議之後，再由陛下發出詔令，這樣群臣們就不敢胡說，也可使天下都知道陛下的英名，不知陛下意下如何？」

只見秦二世連連點頭，一點也不知道趙高的鬼計。

從此，秦二世皇再也不親自出朝會見大臣，只在深宮內院之中與趙高商討政務，然而實際上一切都由趙高決定。

趙高見自己的陰謀成功，更加大膽地胡作非為。

丞相李斯對秦二世耽於聲色犬馬深表擔憂，多次想勸諫，卻苦於無法接近。

趙高聽到這個消息後大喜過望，因為他早想除去李斯，取而代之，只是苦無機會。因此，他對李斯說：「現在，關東地區的『盜賊』如此之多，朝中大臣都急得不得了，但皇帝陛下卻不以為念，不但加徵徭役趕修阿房宮，還豢養大量狗馬以自娛。我本想勸阻他，但地位太低，想必說也無益，而這正是您身為君侯的責任，您難道不想去勸諫一下嗎？」

李斯一聽，連聲稱是：「對，對！我早就想去說一下，但是，如今皇帝根本就不上朝，很難有機會朝見。」

趙高連忙說：「只要您願意規勸皇帝，我可以找一個機會給您。」

李斯高興地說：「這太好了。」

工於心計的趙高，便趁著秦二世正與嬪妃們飲酒作樂時，派人通知李斯面諫。

結果，李斯的一番大道理，把皇帝惹惱了，而趙高當然把握機會，暗地裡大大地攻擊李斯一番，漸漸地秦二世皇對李斯越來越不信任了。

隻手遮人，是許多奸臣常做的事，然而，以俯瞰的角度來看，我們卻也發現，

能夠讓他們隻手遮天的幫凶，還包括那些思考呆板僵化的臣子，以及貪圖獲得更多

權勢地位的人。他們看不見奸詐小人的別有居心，不斷地斷送自己的未來，以致於

讓奸臣們能不斷地把玩朝政。

李斯自認聰明絕頂，以權謀霸術躍為秦國丞相，更以陰狠的伎倆害死韓非子，

但是，最後卻落得腰斬的命運，原因就是被權位名利沖昏了頭，而落入趙高的陷阱。

現實生活中，為了保有自己的既得利益，工於心計的人比比皆是，在解讀小人

的成功技巧之時，我們更要看清其中計謀，用以保護自己。

做人靠手腕，做事靠手段

禽獸根據本能決定取捨，而人類則通過算計來決定取捨。

——盧梭

不拘小節，人才才會鞠躬盡瘁

一個成功者的事業版圖，往往是用無數人才的血汗繪製而成。相同的，他們邁向成功的階梯，也經常是用人才鞠躬盡瘁的屍骨堆疊而成。

身為一個想要有所作為的領導者，最應該擔憂的是手下無可用之人，盡是一些成事不足、敗事有餘的蠢才。

因此，在舉用人才之際，一定要不拘小節。因為，領導者除了要積極經營自己的版圖之外，更需要人才的輔佐，群眾的擁護，才能長治久安。

戰國初期的名將吳起為了入仕，便拜孔子的學生曾參為師，學習儒家義理。由於吳起勤奮向學，深得曾參的喜愛。然而，當吳起的母親去世時，他卻不願意按照

當時的習俗回家守孝三年，認為那樣只會白白浪費時光。

這件事讓曾參非常生氣，一氣之下將他趕出師門，從此，吳起便放棄了儒學，轉而學習兵法。

當齊魯之戰爆發，魯國國君想任用吳起，卻因為他的妻子是齊國人，而有所猶豫。後來，吳起的妻子恰巧死了，魯君這才放心派他率軍出征。

這一戰，吳起率領了兵少將弱的魯國軍隊，居然打敗強盛浩大的齊軍，展現了卓越的軍事才能。

雖然他大勝而回，這時卻傳出了一個相當歹毒的謠言，指出吳起為了當上將軍，竟然不惜殺害妻子。

魯王聽聞傳言之後，並沒有詳加查察，便聽信左右讒言，從此疏遠吳起，而被謠言中傷的吳起深深受挫，也離開了魯國。

不久，他得知魏文侯正在廣募賢才，便立即轉道來到魏國，後來幸運地獲得魏國將領翟璜賞識，隨即推薦給魏文侯。

然而，魏文侯也擔心吳起徒有才能，卻品德不佳，因為他也聽說吳起不願為母

親守喪之事，以及為了當上將軍，不惜將自己的妻子殺害的傳言。

不過，瞿璜卻力勸魏文侯：「想要成就大業，就應當不拘小節，吳起沒有守孝三年，我國也沒有一定要遵守儒家禮教的規定，再者，就算吳起急於建功立業而殺妻，不也正好符合國家的需要？」

後來，魏文侯聽了吳起的軍事見解，馬上驚為天人，徹底心服口服，任命他為大將軍，派他出任西河守。

吳起到西河後訓練軍隊，帶領百姓耕種梯田，因為頗能體恤民情，深得百姓愛戴，沒有幾年工夫，便把西河治理成進可攻、退可守的重要據點。

西元前四〇九年，吳起帶領軍隊渡過黃河，攻克了秦國的臨晉、洛陽、合陽等重要城鎮，更讓企圖大舉入侵中原的秦軍大敗而逃。

一個成功者的事業版圖，往往是用無數人才的血汗繪製而成。相同的，他們邁向成功的階梯，也經常是用人才鞠躬盡瘁的屍骨堆疊而成。這麼說雖然充滿權謀，卻是不爭的事實。

如果，當時魏文侯只注意那些對吳起不利的傳言與缺點，而忽視了他的軍事才

能，那麼他的損失恐怕不小吧！

從魏文侯重用吳起這個故事中，我們可以得知，身為一個優秀的領導人，在選

用人才和班底之際，一定要用人唯才，不拘泥世俗的小節。能夠如此，才能為自己

創造成功的高峰。

做人靠手腕，做事靠手段

很明顯的，由於欺詐性廣告的不斷流傳，使得人們的智力不斷降低，這說明了

要征服一個市場，方式不只一種。

——彼得‧杜拉克

做人千萬不要強出頭

如果刻意地在對方面前，表現自己高人一等，或是炫耀自己的小聰明，反而會自曝在危險之中。

許多人在待人接物之時，總是喜歡吹噓自己，試圖把別人比下去。

殊不知，刻意地炫耀你的聰明或才華，只會讓你顯得愚昧，贏得一時的虛榮，卻喪失更遠大的前景。

隋代的薛道衡文才出眾，十三歲就能朗誦《左氏春秋》。

隋文帝時，薛道衡被任命為內史侍郎，在隋煬帝時，則外放擔任潘州刺史，直至大業五年，才被召回京師任職。

當時,薛道衡寫了一篇《高祖頌》,自己頗感得意,但隋煬帝看完後,不悅地

說:「只不過是文辭華麗而已。」

因為,隋煬帝楊廣一向自認文才甚高,認為沒有人能超越自己,對薛道衡的文

才心存嫉妒。

當時,有位御史大夫見狀,便乘機進讒言:「薛道衡自負擁有才子之名,不把

皇上看在眼裡,這根本存有造反之心。」

內心極度不悅的隋煬帝因而聽信讒言,下令將薛道衡處以絞刑。

鋒芒畢露的人時間一久,便會引來旁人的嫉妒,周圍的人因為感到自己的無能,

也不願與他合作。

當年,孔子年輕氣盛之時,曾經向老子問學。

老子只對孔子說:「良賈深藏若虛,君子盛德容貌若愚。」

意思是說,善於做生意的商人,總是隱藏寶貨,不會讓人輕易看見,而品德高

尚的君子,外貌總是顯得愚笨拙劣。

唐順宗就深明這層道理，即使貴為太子之時，也盡量小心翼翼地注意自己的言行，以免惹來禍害。

喜歡以天下為己任的唐順宗，還是太子身份時，便曾對東宮幕僚說：「我要竭盡全力，向父皇進言革除弊政的計劃！」

幕僚王叔文聽了，深以為不妥，立即向他諫言：「身為太子，最該做的事情是盡孝，你應該多向父皇請安，問候起居冷暖。改革是目前最棘手，也最敏感的問題，如果你過分熱心，有心人就會以為你企圖以國家改革的名義來招攬人心，萬一讓皇上誤會你想篡位，而對你有所猜忌，對你來說並不件好事，更無助於國事改革啊！」

唐順宗聽完這番話後，立刻有所省悟，之後便收斂許多。

這樣的改變，讓他在唐德宗荒淫專制的晚年，沒有招來不測的災禍，也才能成就日後唐朝的順宗改革。

從故事中可以明白，處理人際關係時，務必要謹慎小心，不要傷及對方的自尊心，也不要引起別人的猜忌。

如果刻意在對方面前表現自己高人一等，或是炫耀自己的小聰明，反而會自曝

在危險之中，輕則讓對方更加自卑，從此拒絕與你來往，重則讓對方想要挫挫你的

銳氣，讓自己陷入危機。

當然，在這個講求分工合作的現代社會，如果沒辦法讓組織團結，有些工作根

本無法完成。因而，做人做事也不必採取消極的態度，只要小心謹慎，不要處處張

揚，表現出令人反感的小聰明，試圖將榮耀獨攬在自己身上，自然而然能處處化險

為夷。

做人靠手腕，做事靠手段

那些在炮火下跑進你腦海中的創造性想法，將被安全地保留在那裡，直到永遠

永遠。

——托洛茨基

識時務才能開創人生版圖

別一窩蜂地跟著所謂潮流或別人的腳步走，因為，那些只懂得一窩蜂的人，絕大多數都是以失敗作為結局。

知道自己的實力到達哪裡，也知道自己的弱點在哪裡，這兩項是我們發展自己人生版圖最重要的認知。

遇到實力比自己強壯的對手，應該明知時務，避實就虛，另外尋發展的道路，而不要做無謂的拼鬥，那樣只會弄得兩敗俱傷。

國際知名的路透社創辦人路透，轉移陣地到倫敦營業之前，曾有一段時間在德國古城亞琛從事通訊社經營工作，這裡正是奠定他未來成功的重要基礎。

一八四八年,普魯士政府正式開通了從柏林到亞琛之間的電報線,並同意開放供商業通訊使用。於是,利用柏林與亞琛之間的電報線從事服務,成了一項最有利可圖的事業,路透得知這個消息之後,決定抓住機會開創一番事業。

他趕到了柏林,想要效法法國新聞界名人哈瓦斯創辦通訊社,不過在這之前,沃爾夫通訊社的人已經搶在他的前面,在柏林建立了「沃爾夫辦事處」。

於是,他決定放棄在柏林的發展。

不過,路透一點也沒有氣餒、絕望,在柏林碰壁之後,立即又趕回亞琛,幸運的是,在亞琛這項生意還沒有人開始。

於是,路透立即開辦了獨立經營的電報辦事處,勤奮不懈地廣泛搜集當時歐洲各主要城市的每一項行情快訊,彙整編輯成「路透行情快訊報」。

路透盡可能地利用最快的交通工具,將報紙提供給分散的訂戶。由於他不辭辛勞地奔走,名聲逐漸傳了開來,經過一段時間之後,他的市場居然佔去了大半,許多人都爭相訂購。路透也終於在報訊業中,站穩了自己的地盤。

走在人生道路上，很多時候要像路透一樣，懂得避實就虛、迂迴前進，這正是做人做事策略中相當重要的一環。

別一窩蜂地跟著所謂潮流或別人的腳步走，因為，那些只懂得一窩蜂的人，絕大多數都是以失敗作為結局。

人生最重要的一件事就是選擇自己可以成功的道路，才不會蹉跎一生，一事無成。路透的成功故事要告訴我們：「要做就要做獨一無二的事，只要多運用你獨一無二的創意，發現獨一無二的商機，那麼成功必定是你的！」

做人靠手腕，做事靠手段

如果你能夠把諂媚的花言巧語讓人聽起來變成坦率懇切的苦口良言，那麼你就離成功不遠了。

——喬叟

虛心接受別人的建議

想要箝制別人的想法或言論，是行不通的方法。想要封住別人的嘴巴，到頭來只會換來更多不堪入耳的流言和毒語。

法國思想家盧梭曾經寫過一句值得深思的警句：「禽獸根據本能決定取捨，而人類則通過算計來決定取捨。」

人活在世上，不管做人或做事，難免要遭遇許許多多「人性習題」。我們不難發現，成功者並非比失敗者有腦筋，只不過他們面對「人性習題」，取捨之時，比失敗者多了一點心機。

對於別人的批評和議論，我們不必氣沖沖地反駁，應當以虛懷若谷的態度加以接受，允許別人在自己面前發表不同的意見，作為自己反省檢討的借鏡，這才是正

確的為人處世之道。

春秋戰國時期，齊國有位名叫鄒忌的大臣，長得風流瀟灑、氣度不凡，被譽為美男子。對此，鄒忌感到相當得意。

他聽說城北也有位美男子，心裡經常想：「不知道誰長得比較俊美？」

他的妻子、侍妾和前來拜會的人聽見他的疑惑，個個都說他比較俊美。

後來，鄒忌親自看見了那個美男子，相較之下他卻發現，自己根本不如對方，這才知道，自己受到妻子、侍妾和拜會者的善意欺騙了。

不久，他把這件事情告訴齊王，建議齊王要虛心納諫，接受不同人的建議和勸諫，即使對方的說法讓自己難堪，也應當虛心接受。

齊王認為有理，隨即發出佈告，隨即進諫的人往來不斷，其中有許多意見皆能切中時弊，齊王也都能接受改進。後來，意見越提越少，齊國的政治越來越開明，經濟發展與國力也日益強盛，終於成為當時諸侯公認的強國。

春秋末年,子產也是位從不對民眾言論加以壓制的宰相,即使人們對鄭國的政

治抱著不滿或是嘲諷態度,他都能坦然接受。

當時,在鄭國各地普遍設有鄉校,那裡不只是教育人民的地方,同時也是許多

對政治不滿的人發言的場所。

民眾們在那裡發洩怨言並斥責政治,有些朝中大臣聽說後,都非常擔心這些人

會對社會、政治帶來不良的影響,紛紛要求關閉鄉校。

然而,這時子產卻反駁說:「千萬不可以關閉鄉校,因為那是民眾在結束一天

的勞動之後,唯一休息的地方,他們聚集在那評議政治其實並無不妥,他們的意見

更可以作為我們施政的參考,對於讚賞有加的政策,我們便可以繼續深化實行,如

果聽見批評或是建議,我們更應該加以改革。要是我們強行壓制,也許能暫時抑止

他們的言論,但是,此舉卻像堵塞河道一樣,水勢雖然一時堵住,但是,當更大的

洪水滾滾而來時,必定會氾濫成災。與其如此,倒不如從平時就慢慢地疏通洪水,

這不是更好嗎?」

從子產這番話，我們可以知道，想要箝制別人的想法或言論，在這個誰也不怕

誰的年代，早就已經是行不通的方法。

想要封住別人的嘴巴，到頭來只會換來更多不堪入耳的流言和毒語。

面對批評或批判，我們都應當有包容的心胸和寬容的氣度，允許人們發表不同

的意見，因為，嘴巴長在別人的臉上，不是我們可以控制的。

唯一對自己有用的應對方式是，從這些話語之中找出自己看不見的問題，補強

自己缺失或不足之處。懂得以別人發出的批評、諫言作為自己的一面鏡子，如此才

能讓自己朝著更正確的道路前進。

做人靠手腕，做事靠手段

一個人越是卑鄙，他就會越固執地想要扮演高尚的角色，有些人甚至還因此成

功了。

——塞涅卡

你的情義
只是別人的工具

一旦被情義這頂大帽子套牢，
就會被別人牽著鼻子走，失去了自我，
這樣的情義只是一廂情願的自我折磨，
又有什麼價值和意義？

別讓自己成了別人的踏腳石

> 一旦太過單純或是過度相信別人,便會經常被人所利用,甚至老是成為別人邁向成功的踏腳石。

在道德與不道德之間,我們會看見,好的動機不一定有好的結果,好的結果也不一定就是好的動機所致,甚至關於我們熟知的道德性觀點,也會因為生死存亡而見仁見智。為了生存競爭,連行為標準都會視時代的需求與當下的觀念而改變。

不過,其中有一項為人處世的準則卻從未改變,那便是:「害人之心不可有,防人之心不可無。」

名作家魯迅曾說:「你身邊的人可能不太關心英國某名人的偷情事件,但是,

他們卻絕對很關心，關於自己周圍的友朋們與誰幽會。」

換句話說，真正會讓你成為眾矢之的或陷入險境的人，不會是與你擦肩而過的陌生人，而是你的周遭朋友。許多你保密到家的話語之所以會洩漏，往往出自於天天陪伴在你左右的知心好友。

說到小人，每個人無不恨得牙癢癢的，然而，不管我們如何厭惡，卻老是會遇見這樣的小人，甚至不自覺地為他賣命。

因為，小人們很懂得捉住我們的心理，相反的，我們卻總是看不透對方的別有居心，因而吃虧上當，甚至傾家蕩產。

面對小人，有人主張以德報怨，更有人以為，可以用自己的善良與正直去感化對方，並讓小人們及時回頭。

這類一廂情願的相信，是讓許多人拼了命工作卻無法升遷的主因，其中問題的關鍵，正是因為他們無法辨識對方的別有居心。

那麼，要怎麼解決這樣的問題？

我們當然不需要跟著當小人，只要我們看得懂小人們的卑劣行為，就能夠有效

防範，不至於成了別人的跳板！

那些缺德的小人就好比是一枚枚地雷，隨時都會把我們炸傷。不過，只要我們

學會了辨識，自然就像獲得了一架探雷器，生活中不僅能保護自己，在工作上，更

能讓自己不會再拼了命付出，功勞卻永遠都是別人的。

莎士比亞曾經在他的著作裡提醒我們說：「一個人可以儘管滿臉都是笑，骨子

裡卻是殺人的奸賊。」

的確，充滿競爭壓力的生活，有時是相當現實殘酷的。

殊不見，在我們的生活周遭，有些人為了達到自己的目的，往往會在臉上戴著

菩薩的面具，但在骨子裡卻幹出魔鬼的勾當，不可不加以提防。

在這個爾虞我詐的社會，不管是在商場上、工作上，還是一般社會上的交往，

一旦心思太過單純或是過度相信別人，便會經常被人利用，甚至老是成為別人邁向

成功的踏腳石和犧牲品。

做人當然應該光明磊落，行事也應當坦坦蕩蕩，然而，無論我們追求著怎樣的

正直人生，別忘了有心人士正在暗處對你覬覦著。

因此，就算我們不想做出害人之事，也要懂得保護自己，不要一再誤入有心人

的陷阱，致使自己難有成功出頭的一天。

做人靠手腕，做事靠手段

我的成功之道只有一條，那就是伸手去收割旁人替我播種的莊稼而已。

——德國思想家歌德

忍讓，是為了主宰自己的人生方向

只要我們能「忍」與「等」，不在無關緊要的小事上浪費精力，慎選出擊的最佳時機，成功便已然抓在我們的手中。

所謂的生存智謀，往往只需要一個「忍」字訣。

為了表現自己，多數人總是急躁地展露自己的才華，卻也經常忽略了，因為太過急躁的表現，往往也讓自己的缺點暴露無遺。

戰國時代的名士毛遂投效在戰國四公子之一的平原君門下，平時從不露出聲色，直到平原君要到楚國求救之際，他這才挺身而出，想要發揮所長。

然而，當時平原君感到猶豫，曾質疑道：「士人處在世上，如錐子裝在麻袋中，

尖子很快就會顯露出來，但是你在我門下那麼多年了，為何我從未聽說您的大名，該不會是資質平庸？」

毛遂不以為意，笑著回應說：「非也，倘若將我裝在囊中，那麼，露出來的恐怕不只是尖子而已。」

後來，事實也證明，毛遂自薦在於充分相信自己的能力，這不僅是他見機行事的處事技巧，更是他一舉成名的關鍵所在。

忍耐是為了磨練自己，也是為了等待最好的出擊時機。在「忍」字背後，其實都是一些「吃小虧佔大便宜」的求勝策略，所謂的「秘而不露」，正是老謀深算的聰明人最常發揮的智慧。

何時應該含光混世，何時應該鋒芒畢露，無疑是一門大學問。

其實，不同的事物都有其不同的特點，即使是在相同的事物上，不同的時代也會有不同審核角度與不同的結論。至於人生的道路要怎麼走，要在什麼時候破囊而出，就有賴生活在當下的你，能做出聰明的選擇，在生命需要轉彎處，讓自己能找

到出口，成功地生存下去。

為了生存和競爭，每個人都會有一套為人處世的生活技巧，而「忍」字，則是多數成功者的基礎，所以他們總是懂得取捨，展現出「小不忍則亂大謀」的精髓，或是「退一步海闊天空」的謀略。

忍讓不是畏懼或退縮，而是堅定地主宰自己的人生方向。

其實，成功的定義正是一種「等待最佳時機」戰略，千萬要記住：「世上計謀萬千條，只有藏秘不露是高招」，於是只要我們能「忍」與「等」，不在無關緊要的小事上浪費精力，慎選出擊的最佳時機，成功便已然抓在我們的手中。

做人靠手腕，做事靠手段

你若是想贏得一個人的心，那麼就必須在他最困難的時候給予幫助。

——伊索

你的情義只是別人的工具

一旦被情義這頂大帽子套牢，就會被別人牽著鼻子走，失去了自我，這樣的情義只是一廂情願的自我折磨，又有什麼價值和意義？

美國作家愛默生曾寫道：「人生是個雙面舞台，看看哪，那些扮演英雄的人，總是費盡心機地，將自己小人的那一面遮掩起來。」

的確，在這個「詐者為王，被詐者為寇的」的人性叢林裡，野狼披上了人皮，是為了遮掩自己是禽獸的事實，魔鬼為了讓人相信自己是上帝，有時候也會引用《聖經》來為自己背書。

所謂的「義氣」其實是一種負擔，從古代到今天，我們可以發現好講仁義的人

最終表現出來的，往往只是沒頭沒腦的匹夫之勇，也讓仁義的崇高價值一落千丈。

而且，最容易被利用的也是「義氣」二字，人們經常為了這兩個字付出慘痛代價，彷彿做人一定得有情有義才不算枉走人生一遭似的，也因此，「仁義」經常被人們誤用，讓好事變成了壞事。

「桃園三結義」是傳頌了幾千年的美談，但是，在誇讚關羽、張飛的義氣之時，我們也見識到劉備表面上雖然大談忠孝仁義，但是他肚子裡的計謀，其實一點也不亞於其他的厚黑之士啊！

對許多人來說，所謂的忠孝仁義，只是一層美化真實意圖的糖衣。

隋文帝楊堅統一中國後不久，戰功彪炳的楊廣展開奪嫡活動。

當時的嫡長子楊勇是個大化而化之的公子哥，行為上總是不拘小節，表現出自己的真性情，沒有矯飾和偽裝，至於楊廣則與他完全相反。

懂得隱藏自己的楊廣，看見兄長如此放浪行骸，完全不懂得收斂，便清楚知道這是他取代皇太子之位的絕佳機會，於是處心積慮地展開佈局。

擅長捉住人心的楊廣，發現獨孤皇后最討厭男人有姬妾的心態，便大做表面文章，獨尊妻子蕭妃一人，這讓獨孤皇后十分高興。此外，為了迎合隨文帝的品味，他家中的擺設也十分樸實，再加上他的文采不錯，待人又表現得謙虛有禮，因此而深得滿朝文武的讚賞。

雖然這一切都是偽裝出來的，然而他成功地經營出來的形象與人際關係，無論如何都是不爭的事實，如此標準的領袖形象，自然是深受群臣的擁戴。

當時機成熟時，楊廣終於露出真實面目，雖然朝臣這時才發現他的狼子野心，然而此時政權已操經控在他的手中了，無人能和他對抗。

世事萬物都是一體兩面，是相對的，而不是絕對的，用對地方才有意義，所謂的「講義氣」也是相同的道理。

做人當然要講求情義，才能讓情義成為人生的助力，但是，一旦被情義這頂大帽子套牢，就會被別人牽著鼻子走，失去了自我，這樣的情義只是一廂情願的自我折磨，又有什麼價值和意義？

或許,你自認「有情有義」,但看在有心人的眼裡,你卻成了「呼之則來,揮

之則去」的工具,看在旁觀者的眼裡,你只不過是個墮入形式主義的愚人,根本不

值一提。

情義的拿捏就在我們的手中,情義的標準也只存在於我們的心中,怎樣才是真

正的有情有義,只在乎我們的一心。

做人靠手腕,做事靠手段

儘管說得天花亂墜、娓娓動聽,但協定的雙方都心知肚明,彼此的誓約並不可

信,因為這種誓約就像貓頭鷹或蝙蝠一樣,見不得陽光。

——褚威格

天真過頭，小心大難臨頭

在「物以類聚」的社會價值觀念和行為模式中，我們太容易把和自己親近的人，當作知心好友或志同道合的同類，而忽略了人性的狡猾詭詐。

為何常見好人不長命，禍害遺千年？

這是因為，好人通常都是不分青皂白的渾人，或是天真過頭的愚人，心思總是過份單純，總是執拗地相信「人性本善」，而忽略了人性「虛偽」的本質。

正如俄國作家杜斯妥也夫斯基曾所說：「善良的人總喜歡把人往好處想，總是把朋友想得比實際還好，也因此總是遭到難以逆料的惡果。」

人與人之間的關係錯綜複雜，做人做事千萬不要心存僥倖，而要依靠自己的智慧靈活應變，不管任何時候、任何情況都要做好充分準備，才不致讓別有用心的小

人有機可乘。

有句古語說：「君子無罪，懷璧其罪。」

意思是說，即使是心胸坦蕩沒有犯下任何過錯的人，也會因為曝露了懷中的那塊價值連城的美玉，而遭到別人陷害。

這句話警惕我們，即使對人性的觀感是光明、正面的，但與人相處之時，保持一定的距離仍然是有需要的，因為意外總是發生在你的預料之外。

像當年武則天為了剷除異己，大倡告密之風，許多人無不是在最親信的人手中喪命，當時朝野上下告密成風，不少人為了謀奪權勢名位而不惜出賣別人，諸多荒唐故事也不斷發生，冤獄也因此而大興。

然而，被出賣的那些人，如果有一點防人之心，不把告密者視為知心好友，透露自己的心思和秘密，又怎麼會被出賣呢？

即使歷史的教訓歷歷在目，這類告密事件仍然層出不窮，像宋代元祐黨案、明

末東林黨案及清代各起文字獄，都是因為當事人太過相信他人，喜歡談東論西，大刺刺曝露自己的心思所致。

其中最典型的例子是，寫過《風箏誤》、《燕子箋》等戲曲的阮大鋮，早先想依附東林直士左光斗。好發議論而又頭腦簡單的東林人士因為相信他的文德，對他深信不疑。

萬萬沒想到，阮大鋮後來卻疑心東林人士會自己不利，轉而投靠魏忠賢，最後更獻上《百官圖》，欲置東林群賢於死地。

從諸如此類的故事中，也許有人要嘆口氣道：「怎麼好人總是沒好報，壞人卻能享受榮華富貴？」

這是因為，在「物以類聚」的社會價值觀念和行為模式中，我們太容易把和自己親近的人，當作知心好友，或是志同道合的同類，而忽略了人性的狡猾詭詐。

其實，不管我們怎樣問心無愧，都要慎選交往對象，也要有防人之心。因為隨口議論他人或說出自己的秘密，我們的言談也隨時會不脛而走，而說出口的話要想

收回，可不件容易的事啊！

所以，生活中每個人都要有防範意識，或許你認為「人性本善」，然而人性是多元且易變的，這是人人都無法否定的事實。世界雖然美好，危機卻也經常蟄伏在我們的周遭，能夠多一點警覺，對我們絕對有利而無害。

做人靠手腕，做事靠手段

適度地暴露自己的缺點，有時並非壞事，對於討價還價來說，這一點反而重要，對方可能因為誤判情勢，做出有利於你的決定。

——拉羅什富科

拍馬屁是人際關係的潤滑劑

只要沒有個良動機，就算是拍馬屁，從正面的角度解讀，也不過是放大對方的優點，何必表現得扭扭捏捏呢？

愛聽好聽的話是人之常情，也是人生的一大弱點，畢竟沒有人會拒絕被肯定的機會，因此社會上也充滿了逢迎拍馬之徒。

遇到有人拍馬屁、獻殷勤，或許我們經常會聽到有人不以為然說：「真看不慣那些拍馬屁的奴才。」

但是，這些人以不屑的口氣說出心中不滿的同時，他們心中是否也感歎地認為，

「只有這樣的人才能在社會上生存」？

曾經有個很討厭被人奉承的老先生,在他教導的學生當中,有一位即將到縣城

當差,臨行前,這位學生前來拜別老師。

老師問他:「此行有何準備,打算如何大展身手?」

學生回答:「我已經準備好了一百零一頂高帽子。」

平常表現得剛正不阿的老師聽了十分不悅,這個學生當然知道老師的個性,連

忙見風轉舵說:「老師啊!您不能怪我,這個世界上像您這樣剛正不阿、不喜歡聽

奉承話的人,能有幾位呢?」

老師聽罷笑著說:「這倒也是!」

之後,這位學生則對別人說:「嗯,我的高帽子已經送出去了一頂。」

非常有意思的一個小事例,卻也說明了:「好聽的話人人愛聽!」

輕鬆地看待生活,簡單地看待做人處事之道,想讓生活或工作平坦順暢,「說

好聽話」的處事技巧不妨多學一點。不必太執著於直線思考,只要能達成自己想要

的目標,能把事情圓滿達成,偶爾讓生活多繞幾個彎又何妨呢?

其實，講好聽的話不一定就是拍馬屁，只要沒有不良動機，它就會是人際關係的最佳潤滑劑。就算是拍馬屁，從正面的角度解讀，也不過是放大對方的優點，何必表現得扭扭捏捏呢？

拿破崙曾說：「不想當元帥的士兵不是好士兵。」

因為企圖心，我們運用了偽裝與美言，只要不踰越人生價值的界限，不過分偽態，這些增進人際關係的技巧與方式原本就可以多元應用。

相同的，在工作場合順著上司的意思，並不是一味地迎合，而是從讚美中慢慢地獲得肯定與信任，也慢慢地得到發言與伸展的空間。

做人靠手腕，做事靠手段

刻毒的壞人，比那些表面合意的朋友，對人更有用處，因為前者說的常常是實話，而後者從來不會講實話。

——西塞羅

要送禮，先摸清對方的習性

世上沒有不吃腥的貓，也沒有不吃肉的老虎，更沒有不喜歡禮物的人，只不過
每個人好惡不同，送禮前必須先摸清對方的習性。

做人要用心，做事要用腦筋，要是不懂得變通，不僅容易遭人排擠、恥笑，甚
至會讓自己成為眾人攻擊的箭靶。如果你不想讓自己成為別人眼中的「笨蛋」、「死
腦筋」，那麼就該多學學做人做事的方法。

以送禮為例，送禮是表達善意的一種方式，可以增進彼此的情誼，或是改善彼
此的關係。

但是，送禮要送得巧，不然拍馬屁反拍到了馬蹄，恐怕要被反踢一腳。

民國年間，軍閥吳佩孚坐鎮洛陽，儼然成了高高在上的河南王，原來不可一世的督軍張福來成了受氣媳婦，在吳佩孚面前連大氣也不敢出。

不久，吳佩孚五十歲生日，原本想借壽宴的機會，張揚自己的政治影響力，不過為了沽名釣譽，他特意在報上刊登啟事，三令五申要「謝絕拜壽」。

大家明瞭，吳佩孚五十大壽最想要的禮物就是「名」，因此樂得輕鬆。然而，自作聰明的張福來卻想：「別人不去祝壽倒還可以，可我這個在吳大帥眼皮底下當官的，可是與別人不同，受氣媳婦不給婆婆拜壽，恐怕將來吃不完兜著走。」

於是，他帶人抬了厚禮進入吳府拜謁，恭恭敬敬地施禮：「特來恭祝大帥大壽！」

吳佩孚一看他不識好歹，竟然來破壞自己的「清譽」，當然沒有好臉色，滿臉不高興地說：「你沒看見我的啟事嗎？你既然有閒工夫來拜壽，為什麼不多抽點時間好好地管教你的兄弟？」

自討沒趣的張福來，再次碰了個大釘子，羞得汗流滿面，轉身便離開了。

回到家後，他還搞不清楚狀況，大聲對著部屬咆哮著：「大帥一點也不給我面

子,我再也不幹了!」

禮多人不怪,但是萬一送錯了禮數,那麼不僅壞了自己的形象,更有可能因為這個多餘的舉動,而毀了自己一輩子的前程,就像張福來一般,完全捉不準巴結的時機,那麼不如不要巴結奉承。

世上沒有不吃腥的貓,也沒有不吃肉的老虎,更沒有不喜歡禮物的人,只不過每個人的好惡不同,送禮之前必須先摸清對方的習性。

其實,只要深入探討人性心理,就會發現不論在官場上還是一般職場,沒有人不希望能與掌握升遷大權的人親近,畢竟那是升官發財最佳途徑。

然而,巴結的文化要如何拿捏?送禮要如何送到恰到好處呢?

厚黑教主李宗吾在《厚黑學》中對此有過精關的論述:「送,即是送東西,分大小兩種。大送,把鈔票一包一包地拿去送;小送,如春茶火肘或請吃館子之類。所送的人又分兩種:一是操用捨之權者;二是未操用捨之權,而能予我以助力者。」

不過，這只是彰顯看得到的物質層次，人在擁有一定程度的權勢富貴之後，就會像吳佩孚一樣，轉而追求名聲。

所以，在這個普遍存在的送禮文化中，我們只要能摸清對方的習性，對於禮數也擬出一套標準，那麼我們才不至於老是自討沒趣。

做人靠手腕，做事靠手段

如果你搭乘的火車駛在錯誤的鐵路上，你所到達的每一個車站，都是錯誤的車站。

——伯納德‧馬拉莫德

投其所好是人際交往的手段

當你想要獲得某項重要助力，或是想擠入某個團體，成為成員中的核心份子，首要「善於察言觀色」，進而「投其所好」。

心理學家認為，當人們的意見、觀點、行為模式一致時，彼此就會相互肯定、相互吸引，反之就會相互否定、相互排斥。因此，想要接近某些重要人士，或是尋找自己往上爬的階梯時，一定要懂得投其所好。

史上著名的大太監李蓮英，自進宮後便從不放棄任何一個巴結上頭的機會。在一個偶然的機會，得知西宮的懿貴妃常因梳頭的事而鞭打宮女們，李蓮英心想：「機會來了！」

於是，他悄悄地跑進妓院，觀察著妓女的各種新穎、時髦的髮式，偷學梳頭的技術。經過一番勤學苦練，他便向老太監沈蘭玉起先不肯，但經不住李蓮英的再三請求，只好向懿貴妃提及此事。懿貴妃見有人自薦要為她梳頭，當然喜不自禁，立即答應了這個請求。

走進懿貴妃房門開始，聰明的李蓮英便在彼此問答之際聽出了貴妃的需求，經過一番相處後，李蓮英完全拿住了貴妃的心。

貴妃看著多樣的梳頭款式，十分高興，不由得拍手誇獎說：「小李子，可真有你的，留下來吧！好好為咱家梳頭！」

於是，憑著他的巧妙心思，不久他便被提升為御前近侍，李蓮英當上了梳頭太監之後，更能經常察言觀色，很快地他便把慈禧太后的好惡全都摸透了。

在日常生活中，他幾乎未等慈禧開口，便為她準備得得妥妥當當，因此慈禧太后對他非常寵愛。然而，聰明的李蓮英也深知「伴君如伴虎」的道理，即使穩坐一人之下萬人之上的大位，仍然小心翼翼。

有一次，慈禧太后要到恭親王府邸，路經李蓮英府第之時，看見大門上貼著「總管李寓」四個大字。慈禧側過臉去瞅了好長時間，這個小動作當然沒有逃過李蓮英的眼睛，心知大事不妙。

來到恭親王府時，李蓮英便向慈禧告了一會兒假，隨即急如星火地趕回家中，揭去大門上的「總管李寓」門帖。

然後又一陣風似地趕回慈禧身邊，跪下稟道：「奴才在宮中當差，很少回家，沒想到那些小太監不懂規矩，竟然在奴才家的大門口貼上總管的字樣。剛才奴才發現了，立即請假回家，把總管的門帖揭下，並把那個混帳的小太監打了一頓板子，送交內務府嚴辦，以警效尤！」

慈禧一聽，不由得笑出了聲，說道：「這點小事不必交內務府了。」

人是群居的動物，最常見到的行為模式就是「物以類聚」，或是「臭味相投」。

所以，當你想要獲得某項重要助力，或是想擠入某個團體，成為成員中的核心份子，首要「善於察言觀色」，進而「投其所好」。

在日常生活中，我們不必總是將「投其所好」視為一種貶義，因為人本來就是互相影響的。仔細想想，日常生活中我們不就頻頻對與自己交往密切的人示好嗎？

因此，對自己想結交的人士偶曲意逢迎，不僅是一種人際交往的重要藝術，更是踏入夢想天堂的重要管道。

如果我們平時就詳加觀察周遭人物的肢體動作，相信久而久之就能揣測出他們最真實的心理狀態。懂得運用身體語言的概念，來洞悉別人內心深處所隱藏著的意志和感情，將有助於我們更加了解人性，幫助自己更上一層樓。

做人靠手腕，做事靠手段

如果你能夠把諂媚的花言巧語讓人聽起來變成坦率懇切的苦口良言，那麼你就離成功不遠了。

——喬叟

在混亂中看見自己的機會

越混亂的情況,越是我們表現大將之風的時候,畢竟能臨危不亂的人,才能冷靜思考,也才能表現應變能力。

混亂,往往是成敗的關鍵,也是對一個人的嚴厲考驗。通得過考驗才能亂中取勝,通不過考驗,只有遭到淘汰。能臨危不亂的人,任何事務在其手中,多數也必定能輕鬆解決。

齊景公的身體逐漸衰弱之後,諸位王公貴族大臣名門都擔心,齊景公會立最年幼的公子荼為太子。因為,齊景公非常寵愛公子荼的母親,雖然她出身低微。

齊景公年紀老了,但對於太子之事他卻相當執著,儘管許多人放出反對的風聲,

但齊景公最終還是立公子荼為太子。

不久，齊景公去世，公子荼也登上王位，是為晏孺子。

然而，這時有個名叫田乞的大臣發現，許多老臣其實一點也不心服，所以他一方面巴結國惠子和高昭子這兩位輔佐大臣，伺機對他們說：「雖然您們機獲得君王的信任，但許多大臣們對於君王並不從，正在圖謀反叛，您們一定要小心才是。」

田乞是個口蜜腹劍之徒，他一轉身便又鼓動其他王公貴族起來反叛，對大夫們說：「高昭子這個人真是太可怕了，讓他掌握大權，我們哪還有活路啊！大家與其坐著等死，還不如趁高昭子還沒來出手，我們先下手為強。」

就這樣，田乞很快就獲得了諸位大夫的擁護，經過充分的準備之後，一場宮廷政變發生了，高昭子被殺了，國惠子則逃到莒國，連晏孺子也被殺了。

最終掌權者，竟然是田乞！

田乞為了能更名正言順地掌握齊國的大權，便派人到魯國請回齊公子陽生。但陽生畢竟不是齊景公所立的太子，田乞怕大夫們不肯服從，又會引起亂子，便把陽生先藏在家中，等待適當的時機再讓他登位。

時機差不多了,田乞請來諸位大夫到府中做客,對大臣們說:「今天是我家的祭祀之日,我的妻子已經在家中準備好了菲薄祭禮,敬請各位賞光。」

當大家正喝得正高興時,田乞令人抬出一個大袋,接著對著大袋施禮,然後打開口袋,對眾人大聲喊道:「齊國國君到了,諸位還不趕快行禮!」

眾大夫一看,公子陽生從口袋裡站了起來。這一驚可非同小可,諸大夫慌忙就跪下參拜,田乞順勢要大家盟誓共立陽生為齊國國君。為了能夠更有力地說服眾大夫,他趁著齊景公時代的重臣鮑牧已經喝醉,就騙大家說,擁立太子陽生的主意是自己與鮑牧兩人共同策劃的。

誰知鮑牧人醉心不醉,一聽田乞以自己的名義欺騙大家,便開口反駁田乞說:「胡說!難道你忘了主公的遺命是立公子茶為齊國國君嗎?」

諸大夫一看鮑牧帶頭反對擁立陽生,許多人也想跟著反悔。陽生一看形勢不妙,為了保住性命,連忙衝向鮑牧,猛地就跪倒在地,說道:「能立我為君就立,不能立也就算了,諸位千萬不要勉強。」

沒想到此舉卻把鮑牧嚇著了,堂堂一位公子竟在眾目睽睽之下跪在自己面前,

為人臣的怎麼擔當得起？只見鮑牧忽然醒了似地，再藉著醉意說：「唉呀！什麼可以不可以的？都是景公的兒子嘛，誰當國君都可以嘛！」

眾人看到鮑牧表示贊同了，也紛紛地表示擁護，不久，陽生便順利登上王位，也就是後來的齊悼公。

法國思想家拉羅什富科曾說：「在所有的過錯中，我們最容易原諒的，就是為了功成名就所坑弄的心機。」

其實，不論是大人物、小人物，為了追求眼前的權勢名位，大都能可卑鄙地搞詐，也不願放棄任何一個可以讓自己功成名就的機會。

因為田乞的狡詐，也因為齊悼公的處事機警，在這場混亂場面中，讓他們成功地建立了自己的權勢地位。

人生總會遭遇突如其來的變故，很多時候場面越混亂，人就越加慌張，當然也越容易遭到失敗。

所以，場面越混亂，我們越要冷靜鎮定，因為混亂代表著有機可乘。越混亂的

情況，越是我們表現大將之風的時候，畢竟能臨危不亂的人，才能冷靜思考，也才能表現應變能力，讓每件事在自己手中都能輕鬆解決，完美達成。

就像聰明的齊悼公一般，在混亂的場面中見縫插針，見機退了一步，反而獲得想要的結果。其實，聰明的他一定知道，唯有如此才能讓自己跨進一大步，輕鬆登上王位的寶座。

做人靠手腕，做事靠手段

想做個好人，並力求誰也不知道他是個好人的，是最虛偽的。

——俄國作家托爾斯泰

主動爭取才能見到生機

機運始在掌握在我們的手裡，善用者生機，不善用者殺機，生活的得意或失意與未來的成功或失敗，全靠自己行動。

許多宿命論者總是把自己的失敗歸咎於命運，其實開口閉口都是命運的人，根本不了解命運的真正意義。

機運始終掌握在我們的手裡，沒有人會永遠處在劣勢之中，更沒有人永遠都走霉運，我們的命運全看自己如何去行動。

有一次宦官趙高犯法，秦始皇命令名將蒙恬之弟、上卿蒙毅論處。蒙毅依法辦事，削了趙高的官職並處以死刑，若非秦始皇姑念趙高辦事認真，親自卜詔赦免，

趙高早就一命嗚呼了。

因此，每當趙高一想到蒙氏兄弟，便在心中盤算著要如何除掉他們。後來秦始皇出巡染病，立下遺詔，終於讓他想出了一個除掉蒙氏兄弟的方法。

趁著遺詔尚未發出前，他決定串通胡亥與李斯偽造一份詔書。因為只要殺了扶蘇和蒙恬，擁立胡亥繼位，那麼他不僅握住了胡亥的把柄，自己的地位也自然穩固了。

於是，趙高來到胡亥耳邊挑撥：「公子，皇上的這份遺詔，只有您、丞相李斯和我知道，我們只要將詔書略加修改，天下就是您的了。」

胡亥聽了這番話大吃一驚：「廢長立幼是不義，不尊父命是不孝，靠別人的計謀成功是無能，我自己恐怕也不會有好結果。」

然而，趙高見胡亥如此怯懦，便自信滿滿地說：「怎麼會呢？這種事情史上多著，商湯、周武殺了他們的國君，天下卻讚頌他們的仁義，並沒有人說他們不忠。衛國的國君殺了自己的父親，衛國人還讚揚他有道德呢！做大事不能拘泥小節，在這關鍵時刻顧小而忘大，將來就後悔莫及了。」

胡亥說：「但這事怎好對丞相去說呢？」

老奸巨猾的趙高一聽，知道胡亥心意已經動搖了，便對他說：「丞相方面就由我去辦，這您放心！」

於是，趙高立即前去說服李斯：「皇上駕崩前賜給長公子扶蘇一道詔書，命他到咸陽參加葬禮並繼承皇位，這事只有您和我、公子胡亥知道。現在這份詔書尚未發出，而且皇帝的玉璽和詔書都在公子胡亥手中，想要擁立誰繼承皇位，就在您和我一句話了。您看，這事怎麼辦好呢？」

李斯回答道：「這可不是我們當臣子可以議論的事啊！」

趙高說：「請丞相自己估量一下吧，論才能您比得上蒙恬嗎？論功勞您比得上蒙恬？論與長公子扶蘇的關係和信賴程度，您比得上蒙恬嗎？」

趙高一連串的問話，使得想繼續掌權的李斯相當不自在，無可奈何地回答道：「的確，我都比不上。」

但李斯仍然反對道：「違背天意是不能長久的，將來恐怕招來滅族之禍，連祖宗都沒有人祭禮。我李斯是個正經人，絕不不能做那種事。」

趙高看到李斯不願意的樣子，便說：「丞相！老實告訴你吧，公子胡亥已經同意這樣辦了，您還怕什麼？再說，您不同意，也得這麼辦。」

趙高的這幾句話帶點威嚇的話，果然奏效，李斯心想：「原來他們早預謀好了，如果不答應，我恐怕難逃一死吧！」於是，李斯只得點頭答應：「唉，只好遵照公子胡亥和您的意思去辦了。」

其實，社會上諸如此類的詭計到處都是，利用人心弱點所設下的種種陷阱和騙術，更是五花八門。

因此，懂得洞悉別人內心深處所隱藏著的意志和感情，將有助於我們更加了解人性，提防自己在人性叢林中受騙上當。

以歷史正義的角度來看趙高，趙高的行為當然並不光明，然而從求生本能與積極進取的角度上來看，他絕對是個成功的求生者。

應用於生活和職場人際關係之中，我們當然無須像趙高一般，以挑撥與設計陷阱他人的方式，來獲得自己的生存空間，但要如何才能絕處逢生，使自己從劣勢中

力挽狂瀾，趙高的本領卻是我們要學習的。

畢竟，機運始在掌握在我們的手裡，善用者生機，不善用者殺機。生活的得意或失意與未來的成功或失敗，全靠自己行動，生活是否能看得見陽光，也只有我們自己主動爭取，才能看得見轉機，不是嗎？

做人靠手腕，做事靠手段

做人厚道的人，雖然最受歡迎，但也最容易被欺騙。做事厚黑的人，雖然最受厭惡，但卻最不容易吃虧。

——羅傑斯

想做大事，
要先學會做人

我們如果連最基本的人際關係都做不好，
又怎麼能圓滿地達成必定會繁複糾結的各項人事呢？

出牌不按牌理，掌握瞬間出現的契機

當一條路行不通時，要懂得轉彎，讓自己適應各種形勢和變化，有了機會時，再適度表現自己。

當你想要奮力往上跳時，第一個動作是不是先蹲下身呢？

成就大事業的人，並非都能一帆風順，在時機未到之前，常會有一段低頭時期，必須以退為進，在暫時的「屈」中等待將來的「伸」。忍辱負重可說是考驗一個人是否能擔當重任的重要方法。

以退為進，有時候也是一種攻擊謀略，一種誘敵之計。先讓對方以為有利可乘，引蛇出洞後，才展開真正的追擊。若換個說法，就是引起對方的注意，讓原本不感興趣的人浮現好奇心，有進一步探個究竟的動力。

法國十四世紀作家愛彌爾・左拉出生於巴黎，七歲時父親罹患肺炎過世後，便和母親從此過著飢寒交迫的生活。

左拉十九歲時，因為家境貧寒的關係，不得不中斷學業。

之後的幾年，他到處賺錢，甚至曾在海關旁的旅社打工，為了生活也常典當身上的衣物，以維持家計。不過，喜歡文學的他，但是都持續不久，為了生活也常典當身上的衣物，以維持家計。不過，喜歡文學的他，不論在多麼艱苦的環境下，都從未放棄寫作的興趣，利用有限的時間寫了很多作品，有短詩，也有小說。

二十二歲那年，左拉進入一家出版社當小職員，在發行部門做打包的工作。兩年後，他將自己寫的一些小故事收集起來，帶著那疊書稿，開始向出版商「推銷」自己的作品。他前後拜訪了三家出版社，始終沒有人願意給他機會，讀讀他的作品，可是左拉並沒有放棄。

這一天，當他走到出版商拉克魯瓦的辦公室之時，忽然靈機一動，想著自己必須改變「推銷」作品的方法，一方面增加被錄用的機會，另一方面也可以維持自己

的自尊。

於是，「碰」的一聲，他用力打開辦公室的門，直直地闖了進去。

拉克魯瓦看著這個冒失的年輕小伙子，不解地問他前來的目的。

「已經有三家出版社拒絕這部作品了。」左拉一開口就這麼說。

拉克魯瓦愣住了，他看著左拉手上捧著那一疊書稿，心裡想著：「從來沒有一個作家會對出版商說自己的作品不受歡迎，這樣做，誰還敢替他出書呢？」拉克魯瓦對於左拉如此坦率的行為大感興趣，盯著他直瞧，想看看左拉到底打算說些什麼。

「我有才華。」左拉不等拉克魯瓦開口，就馬上接了一句。

由於左拉的直率，拉克魯瓦決定給他的作品一個機會，仔細看看他寫得如何。

不久之後，他就跟左拉簽約了；這部作品，就是愛彌爾·左拉的處女作《給妮依的故事》。

讓面試官留下好印象，往往是每個求職者必備的條件，因此，適度的包裝自己是不可缺少的。然而擁有決定權的上位者，早已閱人無數，什麼樣厲害的角色都瞧

過，更何況是剛出社會的毛頭小伙子？

我們自我推薦，述說自己多麼有才能，總期望能達到加分效果，但看在主管眼裡，還是有很大的空間需要磨練。此外，眾多競爭者個個力求表現，想讓主管留下多一點的印象，有時候要懂得反其道而行。這並非要我們奇裝異服，言行放浪，而是要能換個方法前進。

對拉克魯瓦這個經驗老到的出版商而言，聽過太多過度膨脹的虛華言詞，卻很少有人在推薦自己時，說出不利於己的話來。拉克魯瓦願意給佐拉機會，除了受到他直率個性吸引之外，還包含了極大的好奇成分。

因此，當一條路行不通時，要懂得轉彎，讓自己適應各種形勢和變化。當然，也別忘了順水推舟，有了機會，更要懂得適度地表現自己。

解決「人」的問題,方法只有一種

學會搭台階給人下,學會怎麼結束人與人之間的戰爭,學會在關鍵時刻控制好自己的情緒,我們將明瞭「退一步海闊天空」的道理。

行銷的技巧有很多種,解決問題的方法更是不計其數,但是在面對人際關係的問題上,卻只有一種方法,那就是看誰願意「先退一步」。

「退一步海闊天空」,只要我們願意先轉換自己的情緒,再大的問題也一定會找到透氣的出口。

賀伯是個非常努力的推銷員,雖然同時要推銷六七種不同的商品,但是從不覺得辛苦,反而認為是個難得的歷練。

自從投入職場後，賀伯便憑著流利的口才與細心的態度，很快地攻佔消費者的心，無論什麼樣的產品，每個月他都會有一定的成績。這也讓每個與他合作的行銷夥伴非常輕鬆，當然也更願意大方地與他分紅。

口若懸河與反應靈敏是賀伯的成功原因，不過，今天向客戶丹尼爾解說產品時，這些優點似乎表現得並不理想，賀伯不經意中得罪了他。

丹尼爾暴跳如雷地指著他說：「你這是什麼意思？」

賀伯今天確實有些失常，居然也不甘示弱地說：「丹尼爾，你實在很不理智，如果您不高興，我可以讓您變得理性一點，我可是軍校畢業的。」

聽見賀伯這麼說，丹尼爾更不高興了，憤怒地說：「是嗎？雖然我有家庭了，

但是在這個情況下，我很願意好好地奉陪。」

丹尼爾回答：「當然有了，你又想說什麼？」

「丹尼爾，您是一家之主？那您有孩子了吧！」賀伯忽然問道。

沒想到滿臉不悅的賀伯，忽然換了張和顏悅色的笑臉，接著問道：「孩子們應該有八、九歲了吧？」

「差不多吧！你到底想幹什麼？」丹尼爾感覺氣氛有些詭異。

賀伯突然跳了起來，接著緊緊地捉住丹尼爾的手說：「太好了！」

丹尼爾被賀伯這個動作嚇得退了一步，賀伯接下來卻是笑容滿面地說：「丹尼爾，您真是太幸運了！《兒童報》即將出版了，訂閱一年只要六塊美金！內容是由多位權威人士所撰寫，紙張厚實，不會輕易被孩子們毀損，內頁的插圖則是由國內著名的藝術家們繪製，全彩印刷且絕不褪色，如何？您要不要為孩子們訂一份呢？一定會對他們有很大的助益！」

賀伯這突然的舉動和轉變，讓丹尼爾一時呆住了，不過這樣的轉折變化卻逗得周圍的人們哈哈大笑。

最後，丹尼爾竟然訂閱了二份報紙，使原先劍拔弩張的小糾紛以喜劇收場。

從一開始的爭吵到最後簽下訂單，看起來十分戲劇化。

先是對立然後退讓的過程，轉變看似突然，實則一切都掌握在賀伯這個推銷員手中，因為其中解決關鍵正是賀伯靈活運用這份新出版的《兒童報》，不但止息紛

爭，更創造了好業績。

如果，賀伯和往常一樣，直接向消費者推薦這份報紙，想必也只能簡簡單單地陳述報紙的內容和特色。這些都是人們在推銷時的共通方法，當然很難吸引人們的目光。即使賀伯的口才再好，可能也激不起消費者的訂購慾望。

因此，他用了點巧思，在平淡的溝通過程中激起一點火花，然後瞬間澆熄並讓對方來不及反應。一時間，消費者面對突如其來的轉變，當然反應不及，只得順著情勢而走了。

日常生活中，我們經常會遇見人際間的對立與爭吵，想解決問題扭轉劣勢的人，便要向賀伯學習。學會搭台階給人下，學會怎麼結束人與人之間的戰爭，學會在關鍵時刻控制好自己的情緒，我們將明瞭「退一步海闊天空」的道理。

實力是阻絕閒言閒語的最好方法

如果我們不能比別人更加積極主動,只知道一味地退讓或等候,那麼機會永遠只會停留在別人的手上。

搶走別人手中的機會雖然有些殘忍,但換個角度看,好的機會如果不能讓真正有實力的人擁有,不是太浪費了?

所以,面對機會,不要有過多的考慮或遲疑,大方爭取就對了。關於人們的閒言閒語,等你展現實力之後,他們自然知道該閉嘴了。

一落筆詩境便讓人迷戀的唐代大詩人王維,卻曾因為《鬱輪袍》一案,讓許多人對他的為人處事發生質疑。

據說，當初王維到京城準備參加科考時，曾向岐王請託，希望能得到太平公主的薦舉。不過，當時太平公主卻早已答應張九皋的請託。

因此，岐王為難地對王維說：「公主性格剛強，想要求她改變主意並不容易。

我想到一個法子，你先挑選出十首舊詩作，然後再將之編成一首哀怨動聽的曲子，五天之後再來找我吧！」

王維依約在五天後來找岐王。只見岐王拿出了一件花俏的衣服，將王維巧扮成樂師，一同來到公主的府第裡表演。

岐王對公主說：「感謝公主接見，今日臣等特別獻上美酒音樂來侍奉您。」

只見酒菜擺好後，樂工們也依序入殿，眾人之中王維顯得氣質翩翩，十分吸引人，其中當然也包括公主了，公主一看見王維便問岐王：「這是什麼人？」

岐王微笑道：「是個很懂音律的人。」

接著，王維便演奏新譜成的琵琶曲，音樂果然淒美動人，在座的人聽聞無不動容。這時公主走向王維，親自詢問他：「這首曲子叫什麼？」

王維見狀，立即起身說：「《鬱輪袍》，公主。」

看來公主相當欣賞王維，岐王乘勢說：「公主，這個年輕人不僅音樂好，更是寫得一手好詩啊！至今尚未有人能超越他呢！」

於是，岐王示意王維將整理的詩作呈上，公主仔細閱讀後，果真讚譽有加：「這些詩是你寫的？我一直以為是古人之作，竟是你寫的！」

這時，岐王繼續推薦王維說：「這個年輕人如果能科考高中，朝廷實在是多得了一個難得人才啊！」

公主一聽，不解地問：「為什麼不讓他去應試？」

岐王道：「這個年輕人心高氣傲，如果沒能得到尊貴的人引薦考中榜首，他寧願不考。只是聽說您已經推薦張九皋了，如今再也沒人可以幫他了。」

沒想到，公主竟對王維說：「喔，我還以為什麼事，我也是受人請託才辦的，如果你真的想考，我當然幫你囉！」

王維一聽，連忙起身答謝，而公主也立即向主考官改薦王維之名。不久，科考結束，王維也果真一舉登第。

無論古今，人們為了爭得一席成就無不掏空心思，即使實力堅強的王維也一樣

無法免俗。但是在舊的思維中，這些巧取得來的成就始終令人非議。

不過，面對新時代的價值觀念，相信有許多人會肯定這樣的做法，肯定這種積

極為自己爭取機會的聰明人。

畢竟如果他們一點實力也沒有，再多的小動作也幫不了他們。

歷史故事中經常引人深省。成功的定義，一如王維在故事中的表現：「只要有

實力，你絕對有資格從別人的手中搶回機會！」

不同往日，如果今天我們不能比別人更加積極主動，只知道一味地退讓或等候，

那麼機會永遠只會停留在別人的手上。

其實，只要有能力，就不必在意人們的議論，因為，接下來你只要全力以赴，

努力展現實力，總有一天所有人會肯定你的才華，對你佩服得五體投地。

想做大事, 要先學會做人

我們如果連最基本的人際關係都做不好, 又怎麼能圓滿地達成必定會繁複糾結的各項人事呢?

人與人之間最常出現的爭執點, 很多時候並非源自事件的本身, 而是出在人們經常不願溝通, 只想發洩的無聊情緒上。

其實, 絕大多數的人並不是不懂得怎樣做人, 只是太喜歡濫用情緒處理事情了, 以致讓每件小事到最後都演變成了大麻煩。

有位老師帶了二十四多名學生到某間實驗室參觀, 由於天氣十分嚴熱, 所有學生全枯坐在會議室裡等待主管, 心情顯得煩躁。

這時，有一位秘書捧著水走了進來。只見同學們全都表情木然地看著她，似乎沒有人感激秘書送水的誠意，甚至還有人大剌剌地這麼問：「沒有綠茶嗎？這天氣實在太熱了。」

秘書客氣地回答說：「對不起，綠茶剛好沒了。」

這時，有個女同學實在看不下去了，在心裡忍不住嘀咕著：「人家為你倒水，你還挑三揀四的。」

當秘書走到她的面前時，女孩立即堆滿笑容，輕聲地說：「謝謝，天氣這麼熱，還要妳這麼忙碌，真是辛苦妳了。」

秘書一聽，立即抬頭看了女孩一眼，臉上盡是感激的笑容，雖然這是一句很普通的客氣話，但這卻是她今天最想也是唯一聽到的感謝。

不久，門忽然又開了，只見主管匆匆地走了進來，隨即和大家打招呼：「真是抱歉，讓大家久等了。」

聽見主管的道歉話，學生們似乎認為這是應該的，甚至還有些不大諒解，因此現場靜悄悄地完全沒有人回應。

女孩看了看，便輕輕地帶頭鼓掌，其他同學們這才稀稀落落地跟著拍手，由於掌聲稀落不齊，聽了反而讓人感到煩躁。

主管揮了揮手，接著說：「好，歡迎同學們來參觀，平時這些事都是由秘書處負責接待，不過我和你們的導師是老同學，所以由我親自來向大家介紹本公司的經營情況。王秘書，請您去拿一些紀念手冊送給同學們吧！」

不久，秘書抱來一疊紀念冊，並由主管親自分送給大家。當主管雙手將手冊呈到學生面前時，卻見這群非常沒有禮貌的同學們，不僅全部靜靜地坐椅子上動也不動，甚至連眼皮都不肯抬一下。

更扯的是，他們一個個全都是單手接過主管手中的紀念冊子，這個情況讓主管的臉色越來越難看，一直走到女孩的面前。

已經快要沒有耐心的主管，強忍著脾氣走到這個女同學的前面，就在這時，女孩很有禮貌地站了起來，接著也雙手握住手冊並恭敬地說：「謝謝！」

主管一看，當然眼前一亮，他伸手拍了拍女孩的肩膀：「妳叫什麼名字？」

只見主管微笑點了點頭，心情頓時好轉，這也讓感覺幾乎想挖個洞躲起來的導

師，稍稍地鬆了一口氣。

兩個月之後，老師通知這位女同學：「畢業後妳直接到那間實驗室工作。」

有幾位大感不滿的同學覺得不公平，便找導師質問：「為什麼她一畢業，您就幫她找到工作了？」

導師看了看這幾張還沒長大的臉，笑著說：「那不是我幫她找的，是實驗室裡的人親自來請她到實驗室幫忙的。」

我們經常聽長輩們這麼叮嚀：「不會做人就別想成就大事！」

做人之所以這麼重要，故事中的這位女同學已經提供給我們一個很好的典範。

因為「人」才是一切的重點，像是服務生面對著消費者，像是與我們擦身而過的陌生人，又或是故事中的同學與主管，無論在什麼樣的領域中，人與人之間的互動必定是生活中的重點。

因為，我們如果連最基本的人際關係都做不好，又怎麼能圓滿地達成必定會繁複糾結的各項人事呢？

會做人才能成就大事，這不是什麼特殊的口號或權謀，而是一個再平常不過的生活觀念。試想，當我們聽見別人由衷的一句「謝謝」，和一個禮貌體貼的小動作時，是否也深受感動呢？

人際溝通的方法不需要太花俏太刻意，簡單的體貼動作，溫暖的感謝心意，這樣就足夠換得無法計數的回饋。

懂得這樣虛心待人接物的人，計較的並非是回饋的多寡。他們要的，一如你我所需，也是一份相互的體貼與感謝心。

退讓就是前進最好的橋樑

退讓是一種寬容的表現，也是與人相處不可缺少的橋樑，適時退讓會帶給自己前所未有的收穫。

在這個紛紛擾擾的時代，人與人之間充滿著爭執、衝突、競爭、交戰，就算你不惹人，別人也會來惹你，就算你不礙事，事情也會自動來礙你，甚至來得莫名其妙，躲都躲不掉！

不過，只要你懂得做人的訣竅，就會適時低頭做一些讓別人窩心，為自己贏得美名的事情，順利化解這些困惱。只要你懂得做人的訣竅，說話辦事之時，就會考慮幫別人留些面子，有時候，甚至會故意禮讓別人幾分，讓自己表面上輸了，實際上卻是真正的大贏家。

即使再堅強的人，內心都有一個脆弱的地方，需要一雙溫柔的手，輕輕地呵護、撫摸它。就算只有一個眼神、一句問候，都能成為前進的能量。

索爾‧胡洛克是一位古典音樂經紀人，也是美國最佳音樂經紀人之一，因為工作的關係，時常與藝術家有接觸，並曾擔任查理‧亞賓的經理人三年之久。

查理‧亞賓是個風靡一時的男低音，也是個問題人物，行為就像一個被寵壞的小孩，常常帶給別人麻煩，而且愛耍脾氣。胡洛克曾經語重心長地說：「查理‧亞賓是個各方面都叫人頭痛的傢伙。」

某次查理‧亞賓在演唱會當天中午打電話給胡洛克，抱怨道：「我覺得全身都不舒服，喉嚨就像被一塊碎牛肉餅卡住一樣，聲音沙啞又難聽，今天晚上我不想上台演唱了。」

胡洛克雖然不高興，但一句責備的話也沒說。他馬上趕到查理‧亞賓居住的飯店，面帶憂傷，同情地說：「我可憐的朋友，你一定感到很難受，看來我必須馬上把演唱會取消，這樣做雖然會讓你損失個一兩千塊，可是跟名譽比較起來，這根本

不算什麼，身體比較重要啊……」

查理‧亞賓聽完嘆了一口氣說：「或許下午狀況就會好一點了，五點鐘的時候，你再來一趟，看看那時我會不會舒服點。」

到了下午五點鐘，胡洛克再度前往飯店探視查理‧亞賓，仍然表現出十分同情的姿態，告訴查理還是將演唱會取消，好好休息會比較好。

查理‧亞賓遲疑了一會兒，再次嘆了一口氣說：「唉！也許晚一點就好了，你還是待會兒再來看看我吧！」

到了演唱會開始前三十分鐘，這位任性的男低音終於答應登台演唱了。

乍看之下，胡洛克似乎十分憐憫查理的處境，經由退讓的方式，終究使查理願意登台。不管他是不是真心，至少聽在對方心裡是舒服的，因為有人站在自己的立場來著想，讓人覺得受到了重視。

俄國文豪列夫‧托爾斯泰在名著《復活》裡如此寫道：「人對待東西可以沒有愛心，砍樹也罷，造磚也罷，打鐵也罷，都可以不需要愛心。但是，人對待人卻不

能沒有愛心。」

適度的退讓，可以成為人與人之間的潤滑劑。它對受到委屈的人而言，就像一帖消炎藥，可以消火，避免惡化，達到平撫情緒的作用，等到一切冷靜下來，才有辦法做進一步的治療，了解問題的根本。

退讓是一種寬容的表現，也是與人相處不可缺少的橋樑，讓自己具有憐憫之心，並且適時退讓，便會帶給自己前所未有的收穫。

多動腦，找出更好的方法

做人靠手腕，做事靠手段。解決問題，當然要多動動腦，先制定戰略，再活用戰術。每件事都要通盤考量，並仔細權衡整體的利益得失。

人生最艱難的事，並非是「做人」，也不是「做事」，而是你是否具備做人做事應有的機智、謀略，也就是不論你做任何對自己有利的事，都要讓別人認為你做得合情合理。

商戰的技巧很多，生活的巧思也俯拾可得。

凡事多動一動腦，讓視野再開闊一些，那麼無論事情怎麼艱難，也不管麻煩多大，最後都一定能帶著微笑，輕鬆解決。

松下幸之助參觀荷蘭的菲利浦公司時，被該公司先進的技術吸引，當下便決定

與菲利浦合作。隨後，雙方研議要在日本建立一家股本六‧八億日元的合資公司——松下電子公司。

然而，菲利浦開出的合作草約中，菲利浦只出資百分之三十，松下電器卻得出資百分之七十，而且菲利浦的百分之三十還得扣除他們的技術指導費。總結下來，菲利浦公司實際上一分錢也不必花。

其他還有技術使用費與專利轉讓費用，合計約二億日元，是松下公司得另外支付的部份，這對資本額不到五億元美元的松下公司來說，無異是個沉重的負擔。面對這項負擔，連精打細算的松下幸之助也有些遲疑。然而，他對菲利浦公司做了深入的研究調查後，還是決定答應了這項要求。

因為松下幸之助發現，菲利浦公司擁有超過三千名的研究員。如果他們想要自己創造相同規模與水準的研究所，恐怕得花上幾十億日元和好幾年的時間。

如今，他只要花二億日元就能充分地運用菲利浦公司的資源，何樂而不為？所以，松下幸之助毅然地與菲利浦公司簽訂了合作之約。

不過，松下幸之助畢竟不是省油的燈，權衡現實情況之後，他先表現合作誠意，

接著便開始積極地為自己爭取權利。

最後,他向菲利浦公司要求:「既然你們要拿技術指導費,那麼我方也要拿經營指導費,這樣才公平。」

這個理由看起來似乎有些牽強,但實際上還說得過去。

畢竟,眼前菲利浦想打進日本市場,確實得靠松下公司的經營經驗,最後雙方達成協議,讓雙方的「指導費」各自降為百分之二,松下先生也輕鬆地省下了技術指導費的支出。

在松下先生的獨到眼光與經營技巧下,他們不僅讓該公司成為日本主要品牌,更在很短的時間內搶佔了全球的市場。

「退一步再進二步」,正是松下幸之助的成功技巧。

因為雙方是合作伙伴,所以他明白要維護彼此權益的最大公約數。他不急不徐地找出彼此的需求與合理的資源分配,後而輕鬆巧地爭取到自己的權利,如此高明的商戰技巧確實令人佩服。

這個故事的寓意在於：「只要多花點巧思，多動動腦，人生的路並不難走。畢竟路是人走出來的！」

做人靠手腕，做事靠手段。解決問題，當然要多動動腦，就像松下幸之助一般，先制定戰略，再活用戰術。每件事都要通盤考量，並仔細權衡整體的利益得失，如此才能冷靜處事，也才能找到共創雙贏的絕佳辦法。

只要一個小鼓勵，你就是伯樂

在大家都不認同的情況下，鼓勵的舉動顯得彌足珍貴。一個小小的讚美，便能在心中播下信心的種子，然後成長茁壯。

法國大文豪福樓拜說：「天才是神賜，但是才情卻是我們自己的事。以不休的耐心，不斷地奮鬥，一個人就能得到才情。」

一個人的成功，必須經過不斷的努力。在努力的過程中，有些人會碰到提拔自己的貴人，或者給予鼓勵的支持者，雖然這些人對你所追求的目標不一定了解，但是卻能以伯樂般的眼光，讓你感覺自己就是那匹良馬，等待時機闖出一片天地。

有一個來自貧苦家庭的小女孩，從小就很喜歡唱歌，時常夢想著自己有一天可

以站上舞台。但學校合唱團在甄選團員時，她卻落選了，只因她長得又矮又瘦，一點也不起眼，而且長年穿著一件破舊不合身的衣服。

小女孩難過地走到公園，躲在樹下傷心地哭了起來，心想：「為什麼我不能唱歌？難道是因為我的歌聲很難聽？」

想著想著，小女孩停止哭泣，輕聲唱起歌來，她一首接著一首渾然忘我地唱著，就像什麼事也不曾發生過，直到疲累為止。

這時，一道蒼老卻有力的聲音響起來：「唱得太棒了！小朋友，謝謝妳！妳讓我度過一個愉快的下午。」

原來，是個滿頭白髮的老先生。他對小女孩點點頭，帶著微笑離開了。

第二天放學，小女孩迫不及待往公園跑去，果然看到老先生仍然坐在昨天的位置上，滿臉慈祥地看著她。小女孩靦腆地笑了笑，開始唱歌，老先生聚精會神地聽著，一副陶醉其中的表情。

唱完之後，老先生大聲喝采，並給小女孩熱烈的掌聲：「妳的歌聲真是太棒了！謝謝妳，小朋友！」說完，老先生仍然獨自離開。

就這樣過了許多年，小女孩長大了，成了一個漂亮的大女孩，而且實現了幼時的夢想，踏上舞台成為知名的歌星。

在眾人的掌聲中，她念念不忘的卻是小時候坐在公園涼椅上那位慈祥的老先生，於是她抽空回到家鄉，來到公園想尋找懷念的身影，但是剩下的只有一張空空的涼椅。她向附近的人詢問老先生的消息，才得知他早已過世，並且聽見一個令人震撼的訊息——其實，老先生一直是個聾子。

當年的小女孩悵然若失地走回公園，坐在那張涼椅上，輕輕撫摸著椅子的邊緣，沉思了起來……

為何老先生是個聾子的消息會讓人震撼？如果聽小女孩唱歌的是個音樂鑑賞家，認定了小女孩沒有天分，是否就沒有日後知名女歌手的出現？

在這個世界上，沒有人可以看輕另一個人的能耐與價值，可惜世俗的眼光，常常決定了一個人的未來。

相信你一定有過類似的經驗，想要嘗試某項不拿手的事物時，別人卻這樣說：

「別試了!你對這個不在行,還是做你會的就好。」

於是,有七成的人會打消念頭,兩成的人摸了一下就放棄,只有一成的人會一試再試,到最後會成功的,只剩少數的一兩個人。

因此,在大家都不認同的情況下,鼓勵的舉動就顯得彌足珍貴。

故事中的老人讚美小女孩,小女孩成為知名歌手,相信這都是兩人當初所始料未及,因為一個小小的讚美,悄悄在女孩心中播下信心的種子,最後慢慢發芽、成長、茁壯。

別輕忽自己的言行舉止,因為任何不經意的舉動都可能對一個人造成終生的影響,同時也要相信自己的能力,因為才情必須靠自己來開發。

優秀，只在必要關頭展露

想在團體中安身立命，別讓鋒芒太露。該藏則藏、該露則露，這樣才討得了便宜，賣得了乖。

現實生活中，許多身懷絕技的人都顯得謙虛謹慎，把自己的「絕世武功」隱藏得非常嚴密。

這麼做的主要原因，在於期望「不鳴則已，一鳴驚人」。

這裡所謂的隱藏，只是為了更好地表現，預示著正在尋求有利突破點，等到準備充分、時機成熟，再充分地發揮表現，使自己脫穎而出，成為眾人的注目焦點，得到成功。

三國時期，龐統是與諸葛孔明齊名的能人，但天生相貌醜陋怪異，因此不太受人喜歡。

他先投奔吳國，孫權嫌他相貌醜陋，沒有留用。見得不到發展，龐統決定轉投奔蜀國的劉備。

臨行前，孔明特意交給龐統一封親筆寫的推薦信，表示一旦劉備見此推薦信，定當重用。

但龐統見到劉備之後，並沒有將推薦信呈上，而是以一個平常謀職者的身份求見。因此，劉備只讓他去治理一個不起眼的小縣。

身懷治國安邦之才的龐統，並沒有為此耿耿於懷，他深知靠人推薦難掩悠悠眾口，自己要等到該露臉的時候才露臉。

皇天不負苦心人，後來終於讓龐統抓到一個好機會，當著劉備義弟張飛的面，將一百多天積累的公案，用不到半日時間就處理得乾淨俐落、曲直分明，令眾人心服口服。

龐統能妥善掌握該藏則藏、該露則露的做人做事原則，使得他步步高升，平步

青雲,不久後便被劉備提升為副軍師中郎將。

在團體中,表現得太出色、太惹眼,勢必會遭人嫉妒,此時,就需要將鋒芒藏起來,先堵住別人的嘴。

當然,隱藏必須有限度,最終目標還是為了取勝。當你認為好機會到來,一旦施展才華就能夠一舉成名時,千萬不能吝嗇,應把所有技能展現出來,使自己脫穎而出,此時他人再生嫉妒心,也沒有實質意義跟影響了。

地位未穩固之前,想在一個團體中安身立命,最聰明的方法,就是別讓鋒芒太露。該藏則藏、該露則露,這樣才討得了便宜,賣得了乖。

過度謙卑只會顯得虛偽

謙虛可以暫時舒緩充滿距離感以及競爭壓力的人際關係,只是謙虛若沒拿捏好尺度,就會變成虛偽和做作。

一個人最要不得的性格就是驕傲。

驕傲的人總是自以為了不起,不但沒有把別人放在眼裡,還容易流於任性、頤指氣使,因而常常得罪別人。

這時候謙虛就必須替驕傲建起一道溝通橋樑,才能將傷害減至最低。謙虛並非自卑或懦弱,只是讓自己更謹慎小心,避免高估了自己。

但是,過度的謙虛也是一種美德嗎?

當然不是!法國作家拉美特利在《人是機器》一書中告訴我們答案,他說:「過

分的謙虛，是對自然的一種忘恩負義。相反的，一種誠摯的自負，卻象徵著一個美

好而偉大的心靈。」

這番話告訴我們，凡事都要適可而止，否則就是虛偽了。

從前，齊國有一位員外，大家稱他為黃公。他非常嚮往古聖先賢的高尚美德，

因此想盡辦法模仿文人雅士，可是，無論怎麼學習都只能做到皮毛的功夫，無法深

入其中。

在多次弄巧成拙，被人恥笑後，黃公決定找出一個簡單，又不容易出差錯的德

行來模仿就好。他想來想去，還是找不出一個適合學習的美德，直到有一天，一位

來自遠方的親戚前來拜訪，心裡才有了譜。

這位親戚看到黃公的大女兒時，忍不住誇讚起她驚人的美貌，黃公立刻謙虛地

說：「哪裡，哪裡，只不過是個長相普通的女孩罷了。」

親戚聽到黃公這樣回答，就對他說：「您真是太謙虛了。」

聽到這句話的黃公突然靈光一閃，拍了一下大腿，心裡想著：「對了，就是這

個！我要學習的就是謙虛的美德。」

從那天起，黃公不管見到誰，都想盡辦法要表現出謙虛。黃公的兩個女兒都有著沉魚落雁的美貌，因為女兒太美麗了，黃公為了要表現自己有著謙虛的美德，只要有人問起女兒的事，他就用謙虛的態度說女兒多麼不好看，連媒人上門來提親，他都要先批評自己的女兒一番，講到讓媒人打消了說親的意願。

到最後，齊國人紛紛謠傳著，黃公的兩個女兒是讓人見了會退避三舍的醜八怪，連脾氣都像母夜叉，誰娶到她們就是誰倒楣。就因為這樣，兩個女兒過了適婚年齡，仍然沒人敢上門來提親，黃公的妻子也因黃公耽誤了女兒的婚姻而氣出病來。

有個來自魏國的鰥夫，在陰錯陽差之下娶了黃公的大女兒，回到家後，才發現妻子不若謠傳般的可怕，甚至是個溫柔賢淑的美人兒。

之後，他告訴別人：「黃公為人果然謙虛，所以才說女兒長得不好看，聽說他的小女兒更是美麗啊！」

消息一傳出，齊國人爭相前來下聘，黃公的小女兒終於順利出閣了。

看完這則故事,不禁讓人嘲笑黃公的愚昧,想學習古人的美德,卻又不了解其中的深意,只抓到皮毛就急於表現,使得謙虛淪為虛偽,更糟糕的是還牽連了兩個無辜的女兒。

在現代這種競爭的時代,人們都急於表現、推銷自己,有時難免流於誇大浮華,說久了,就連自己也相信了,因而在不知不覺中自我膨脹。這時候謙虛就可以暫時舒緩充滿距離感以及競爭壓力的人際關係。

只是謙虛若沒拿捏好尺度,就會變成虛偽和做作。

福特汽車的總經理西蒙‧E‧努德曾經說過:「在自誇之前,要先說自己以前多麼愚笨。」

這也是提升自己的一種方式,比較不會讓人感受到傲氣,甚至有加分效果。但是,倘若別人都已經了解你的成就,你還過度謙虛,反而像是變相的侮辱,就像一個瘦子在胖子面前拼命說:「我真的覺得我好胖唷!」聽在胖子的耳裡,怎麼會好受?

或許說者無意,可難保聽者有意,這樣謙虛豈不流落於嘲諷?

有幾分實力就努力出表現幾分,才是現今謙虛的意義。

04

為自己營造聲勢，
就能創造優勢

人為即是天意，無論是陳勝、趙匡胤，
還是歷史上其他風雲人物，
都是靠著自己營造聲勢而領盡一時風騷。

讓對手摸不清頭緒，就能達成目的

只要能以智取勝，想出借力使力，或讓對方鬆懈心防的方法，很多時候，不需費太多力氣，便能輕鬆達到我們期望的目標。

「聲東擊西，攻其不備」是兩軍交鋒之時，運用得最廣泛的戰術。

這個戰術的要訣在於放出風聲或製造假象，鬆懈對方的戒心，然後在儲蓄實力之後，給毫無防備的對手致命一擊。

唐高宗時，吐蕃在青藏高原崛起，勢力日漸強大，威令西突厥歸附，打算共同吞併吐谷渾。

唐朝干預吐蕃的吞併活動，導致雙方的和親關係破裂，隨後唐朝立即援助西突

厥，並任酋長阿史那都支為左驍衛將軍，要他與吐蕃脫離關係。

然而，阿史那都支表面上臣服唐朝，暗地裡卻仍然與吐蕃聯手，一起侵擾唐朝西境。當時，唐高宗想要發兵征討，吏部侍郎裴行儉對唐高宗說：「吐蕃目前非常強盛，西突厥也已經表示要與我朝修好，我們不便兩面用兵，不如趁著波斯國王去世，我們前去祝賀王子尼涅斯繼位的機會，經過西突厥時趁機行事，或許可以讓他們不戰而降。」

唐高宗聽了之後，認為這個方法不錯，遂命裴行儉為全權使臣，率兵護送波斯王子尼涅斯回波斯繼位。時值盛夏，裴行儉到達曾經任職過的西州，立即召集西州的豪傑子弟千餘人跟隨，還四處揚言說天氣實在太熱，不想急急遠行，希望等到天涼之後再啟程。

阿史那都支聽說裴行儉要在西州休息，而且要等天涼後才起程，便放下戒心，到處尋玩，消磨這個難熬的酷暑。

事實上，裴行儉並沒有真的停下來休息，而是秘密召集西州四鎮的酋長，對他們說：「以前我在西州任職時，最喜歡外出打獵，現在我想重遊舊日獵場，不知有

誰願意與我同行？」

當地人本以遊獵為生，一聽到出遊打獵，個個都欣然應聲同行。

於是，裴行儉精選其中的萬餘人馬，編成隊伍，以打獵為掩飾，暗中加以操練，待時機成熟，他便急令隊伍抄小路向西快速前進，到了阿史那都支的部落附近時，再派遣使者向阿史那都支問候一聲。

當阿史那都支看見唐使突然來到自己的營帳，異常驚慌，後來見使者安詳平和，沒有指斥他與吐蕃暗地勾結，更沒有要討伐的意思，這才放下心來。

由於阿史那都支的軍隊已經完全鬆懈，依當時的狀況，根本無法作戰，因此他決定虛情假意周旋一番，便親率領子弟親信五百餘人前去拜訪裴行儉。

裴行儉表面上表示歡迎，一等阿史那都支等人進入營帳後，伏兵立即從四處湧出，五百餘人被悉數拘禁。

裴行儉兵不血刃地擒獲了西突厥的酋長，輕鬆地將任務完成，隨即凱旋而歸，另派屬下送尼涅斯回波斯。

所謂兵不厭詐，技巧就在於以虛為實、以實為虛，讓對手摸不清頭緒，就能達成自己的目的。

裴行儉利用刻意製造出來的假象，讓叛服無常的阿史那都支鬆懈警戒，再捉準時機伺機而動，正是擊破敵方心防的絕佳方法。

以智取勝，是所有兵法中最好的方法，援用至現實生活中，當我們無法直擊對手要害的時候，便要用機智與對方交手。

只要能以智取勝，想出借力使力，或讓對方鬆懈心防的方法，很多時候，不需費太多力氣，便能輕鬆達到我們期望的目標。

做人靠手腕，做事靠手段

如果你希望利用別人的知識來獲得資訊及增長見識，但同時你又堅持自己的想法，可能會使你對你的錯誤不以為意。

——富蘭克林

為自己營造聲勢，就能創造優勢

人為即是天意，無論是陳勝、趙匡胤，還是歷史上其他風雲人物，都是靠著自己營造聲勢而領盡一時風騷。

陳勝、吳廣押解人犯至邊境，結果因為誤期可能被處斬，他們想，反正是死路一條，便計劃舉兵起義，然而對於秦王嬴政的餘威，他們仍然頗為震懾。

兩個人想了又想，便想出了一個計謀，在夜裡躲在營地周圍，然後學狐狸的鳴叫聲，再大聲喊叫：「大楚興，陳勝王。」

接著，他們又將一小條書簡塞進魚肚，上面寫著「陳勝理應順天意而為王」等字，並偷偷混在市集的魚貨中，讓廚師買回去。

當廚師剖開魚腹時，便發現裡面的書簡，眾人大驚，他們將之前的夜半之聲兩

相聯繫，個個都驚訝不已，讓陳勝的號召力立即暴增。

後來，陳勝和吳廣揭竿而起，民眾紛紛響應之下，開啟了中國史上第一樁農民起義。

相似的謀略，也發生在五代末年，趙匡胤發動了陳橋兵變，黃袍披身，讓部屬們擁立他為皇帝。當時，趙匡胤還裝模作樣推讓一番，不肯答應，最後才任眾將的「懇求」下勉強答應，做了皇帝。

坐上皇位的趙匡胤並沒有高枕無憂，整日尋思著如何能讓皇位穩固，有一天，當他和大臣石守信等人飲酒作樂時，意有所指地說：「以前不做皇帝時不開心，現在做了皇帝更不開心。」

石守信詢問何故，趙匡胤嘆氣道：「如果有一天，也有人把黃袍披在你們身上，擁立你們做皇帝，你們是答應還是不答應呢？我看不如這樣子吧，我多賜給你們一些良田美女，讓你們安穩地回家享受吧！」

石守信等人都是聰明人，一點就透，知道腦袋比官位更值錢，便謝過皇上，第

二天上朝後，便辭官告老回鄉，安享餘生了。其餘那些曾隨著趙匡胤打下天下的重臣見狀，也紛紛辭官退休。

趙匡胤雖然少了這些開國功勳的輔佐，卻因此化解了權臣奪位的危險。

人為即是天意，畢竟真正能改變自己未來命運的人，還是自己。

無論是陳勝、趙匡胤，還是歷史上其他風雲人物，都是靠著自己營造聲勢而領盡一時風騷。這些例子都告訴我們，機會就在我們的手中，我們都可以為自己創造一個「天賜奇蹟」。

做人靠手腕，做事靠手段

如果我懷疑有人稍微有點不老實，我便會調出他的支出報告來看。支出報告就像測謊器一樣，可以檢驗出他是否靠得住。

——馬克‧麥考梅克

創造情勢，就能扭轉劣勢

懂得創造情勢能逆轉當前的劣勢，不但讓本身實力陡增，同時也讓對手變弱，這是在激烈的競爭中勝出的技巧之一。

三國時，蜀吳兩國準備聯手抗曹，孔明到江東幫忙佈陣應戰。

周瑜嫉妒孔明才識過人，故意要他三天之內造出三十萬枝箭，誤期則按軍令斬首，打算趁機除去心頭大患，誰知孔明卻胸有成竹地滿口答應。

就在第三日凌晨，孔明經由魯肅協助，在小船上紮起草人，趁著夜晚的霧氣划向對岸曹營，並令兵卒擂鼓助威。

曹兵眼見許多船隻臨近，船上人影幢幢，疑心敵人來攻，卻又礙於大霧出擊不便，只得站在岸上萬箭齊發，阻敵軍來勢。

到了清晨，霧氣散去，草人上滿佈亂箭，諸葛亮這才命人調轉船頭，回歸大營，成功地交卸了責任。

如果要用傳統的方式製造這三十萬枝箭，不要說是三天，就是二十天也造不完。

諸葛亮自然也明白這一點，所以巧借霧氣掩護，擂鼓吹號，佯裝進攻，讓曹軍以為吳蜀聯軍發動夜襲而墜入他的圈套，更讓他輕鬆「製造」了三十萬枝箭。

戰國末期，秦國想一統天下，當時最有實力與秦國抗衡的就是趙國，秦國決定要派大軍進攻趙國，趙王大為驚慌，緊急派遣老將廉頗率兵抵敵。

老將廉頗經驗豐富，針對敵我虛實，採用消耗戰，不與秦軍作正面對抗，慢慢消磨秦軍銳氣。

秦軍雖然來勢洶洶，無奈勞軍襲遠，後繼無力，又碰上趙國軍隊的頑強抵抗，毫無戰勝良策，只好到趙國散播謠言說：「秦軍根本不怕廉頗，只怕趙括掛帥出征，趙括才是趙國最好的統帥。」

沒想到趙王輕信流言，不顧趙母的再三勸阻，撤回廉頗，改派只會紙上談兵的趙括前去督師禦敵。毫無用兵經驗的趙括貿然出擊，導致趙軍在長平一戰慘敗，四十萬士兵被坑殺，自己也身首異處。

從上述兩個例子可以得知，懂得創造情勢能逆轉當前的劣勢，不但讓本身實力陡增，同時也讓對手變弱，這是在激烈的競爭中勝出的技巧之一，熟知如何運用訣竅，自然能使自己前程一片坦途。

做人靠手腕，做事靠手段

不管是個人或國家追求商業上的功成名就，只有同時發展出標準的行為準則：榮譽、勇氣，這才是件好事。

——羅斯福總統

忍一時之氣能讓你化險為夷

忍讓的深層意義在於我們明瞭自己比對方優越許多,不屑於和那些夜郎自大、自以為是的小人物糾纏,浪費自己的精力。

「忍」是待人處世的重要觀念,「忍」不僅是實現抱負的一種謀略,也是一種柔韌的武器,更是成功者達成目標的成功基石。

秦國在滅掉魏國以後,秦王嬴政聽說魏國貴族張勝、陳餘密謀復國,害怕魏國遺民將死灰復燃,於是到處張貼告示,懸賞重金捉拿這兩個人。

張勝、陳餘聽聞這件事時,立即改名換姓,潛逃到陳國去當看門的吏卒,過著忍氣吞聲的日子,靜待復仇時機到來。

然而，他們雖然躲過了秦王的追緝，卻沒能躲過陳國官吏的迫害。

有一天，當地一名小官吏莫名其妙地找他們麻煩，隨便用一個莫須有的罪名，鞭打了陳餘一頓。

面對這樣的羞辱，曾經貴為皇族地位的陳餘怎麼忍得下這口氣？於是他怒目瞪視，忿忿地急於反撲。

所幸，張勝即時拉住陳餘，並勸陳餘要忍下這口氣，陳餘聽了患難友人的話，只得忍住情緒，任由那個官吏把官威使夠。

這個耀武揚威的小官吏離開後，張勝便對滿臉不悅地對陳餘說：「還記得我們當初的約定嗎？如果你連這種情況都無法忍住了，以後還能談什麼大計劃呢？『小不忍則亂大謀』的道理，你明不明白？」

陳餘聽完了張勝的話，點了點頭！直到秦末，各地農民起義聲起，他們兩個便趁機起兵發難，也風光了一時。

一個能忍人所不能忍者，其實也必然是個胸懷寬廣的人，像是武則天時期的宰

相妻師德，便可說是一位隱忍大家。

當年，他的弟弟奉命任代州刺史時，妻師德便告誡他：「此次前去就職，一定要小心謹慎，處處以忍為上。」

他的弟弟答應道：「好吧！如果有人朝著我吐口水，那我必定不會去計較，並而會默默地擦去，如此總可以了吧。」

妻師德點了點頭，接著補充道：「可以，但是那樣還不算最好的方法。當別人朝著你吐口水時，對方一定是因為恨你，所以才會有此動作，如果你當面拭去，恐怕會引起他更大的仇意，認為你是故意與他作對。所以，我認為，遇到這樣的情況時，最好微笑不動，讓口水自動乾掉，那樣必定能解開他的心中恨意。」

法國文豪巴爾札克曾經寫道：「世界上所有德性高尚的聖人，都能忍受凡人的刻薄和侮辱。」

其實，有時候，那些尖酸刻薄的人，比那些表面逢迎你的人更有用處，因為，他們的言行就是我們自我訓練心性的砥礪。

聽到婁師德這種「唾沫自乾」的建議時，在你心中，是否也燃起和了解人與人之間關係的新觀感呢？

其實，忍讓的深層意義在於我們明瞭自己比對方優越許多，不屑於和那些夜郎自大、自以為是的小人物糾纏，浪費自己的精力。

堅韌的忍耐精神是意志堅定的表現，更是我們做人做事時的絕佳手法，那不僅能保護我們在人生的道路上都能事事如意，更能因為忍耐二字，讓生活處處充滿轉機與生機。

做人靠手腕，做事靠手段

當他準備用言語攻擊你之前，通常會先做出一副彬彬有禮的樣子，因為，如此一來你會以為他準備誇你。

——卡羅爾

忍耐是為了成就更大的目標

如何才能使自己獲得最大的利益呢？「忍」，無疑是一個方法，畢竟每一個成功的機會，都是成功者耐心地等待而得到的。

俗話說：「忍得一時之氣，免得百日之憂。」

《聖經》上也這麼勸告人們：如果有人打了你的左臉，不妨也把右臉伸過去讓他打。因為這樣不僅能解除生活危機，更能滅少人生中不必要的苦惱。

清末，黎元洪在湖北時一直在張彪之下，但心胸狹窄的張彪卻是個相當嫉才的人，對於黎元洪十分反感，經常在張之洞的面前進讒言，詆毀黎元洪。

此外，張彪還常常羞辱黎元洪，企圖逼退黎元洪離開軍隊。

但是，他卻沒有想到，黎元洪居然這麼能忍，即使被百般欺辱，也從不動氣，臉上更是不見怒容。其實，這個情況並非黎元洪甘為人下，他看似忠厚，心中卻自有其打算，因為他知道：「平斂鋒芒，海涵自負，絕不自顯頭角，以開異己者攻排之際。」

因此，有功時黎元洪會將功勞歸於張彪，這也讓張彪漸漸地對他產生了好感，甚至還心懷感激。慢慢地，張彪不再處處針對他，彼此的合作關係也越來越融洽了。

不久，張之洞出任軍機大臣，東三省將軍趙爾巽補授湖廣總督。趙爾巽看不起張彪，便要黎元洪取而代之，但黎元洪堅辭不受，還幫張彪說盡好話。

對此，張彪更是感激黎元洪，而張之洞對黎元洪的氣度也非常讚賞，對黎元洪另眼相看，就這樣，黎元洪便攀上了張之洞這棵大樹。

其實，黎元洪的企圖心一點也不輸張彪，只是他考慮得比張彪更遠。

一九一一年武昌起義時的「都督」身份，與不久之後的總統地位，這些全是他靠著一個「忍」字而得來的。

拉克司奈斯提醒我們：「爬著走的貓，比跳著走的貓更狡猾。」

願意低聲下氣的人，心中一定有著更大的圖謀，因此才願意處處忍耐。

「忍」的確是辛苦的事，就像故事中的黎元洪，不論是為了自保，還是別有企圖和居心，能忍住內心的慾望終究是不簡單的能力。

「兩害相權取其輕」，但是，如何才能準確地取其「輕」，使自己獲得最大的利益呢？「忍」，無疑是一個方法，畢竟每一個成功的機會，都是成功者耐心地等待而得到的。

做人靠手腕，做事靠手段

淌著眼淚的鱷魚，裝出一副可憐相，把心善沒有心機的人，騙到嘴巴裡。

——莎士比亞

說得出口就要真的動手

一旦許諾，就要做到。要做到不輕諾，除了要有自知之明之外，還必須養成對客觀情況進行比較深入、細緻瞭解的習慣。

許多人都有一個缺點，就是經常誇口。

自己做不到的事情硬是誇下海口，無法承擔的責任硬要做出承諾，常常代表一個人不講信義、失去誠信。我們應該謹言慎行，對自己說出的話負責，一旦做出承諾，即使對自己不利，也應該加以遵循。

戰國的時候，甘茂在秦國為相，秦王卻偏愛公孫衍。秦王有一次許諾公孫衍，將來必定有所提拔，親自對公孫衍說：「我準備讓你當相國。」

甘茂手下的官吏聽到這個消息,告訴了甘茂。甘茂因此進宮拜見秦王說:「大王得了賢相,臣斗膽向大王賀喜。」

秦王說:「我把國家託付給相國你,哪裡又得到一個賢相呢?」

甘茂說:「大王將要立公孫衍為相了。」

秦王說:「你從何處聽來的?」

甘茂回答說:「公孫衍告訴我的。」

秦王窘迫非常,認為公孫衍出賣了自己,於是就驅逐了公孫衍。

秦王輕易地對公孫衍做出承諾,事後又不兌現自己的諾言,結果成了失信於人的君主,同時也傷害了一直忠心耿耿的良臣甘茂。

要做到不輕易承諾,除了要有自知之明之外,還必須養成對客觀情況進行比較深入、細緻瞭解的習慣。

《左傳》裡記載,晉文公有一次帶兵圍困原城。圍城之前,晉文公叫士兵們只

帶了三天的糧食，並且說：「如果三天攻城不下，就要退兵。」

三天過去了，原城的守軍仍不投降，晉文公於是命令撤退。這時，從城中逃出來的人說：「城裡的人再過一天就要投降了。」

晉文公卻說：「信義是國家的財富，是保護百姓的法寶。得到了原城卻失去誠信，以後還能向百姓承諾什麼呢？我不願做這種得不償失的蠢事。」

晉軍退兵後，原城的守軍和百姓便紛紛議論道：「文公是如此講究信義的人，我們為什麼不投降呢？」於是大開城門，向晉軍投降。

晉文公憑著信義，獲得了不戰而勝的戰果。

無獨有偶，三國時，諸葛亮有一次在祁山布陣與魏軍作戰。

長期的拉鋸戰使士兵們疲憊不堪，諸葛亮為了休養兵力，安排每次把五分之一的士兵送返國內調養休息。

可是隨著戰爭越來越激烈，一些將領為兵力不足而感到不安，便向諸葛亮進言

說：「魏軍的兵力遠遠超過我們的估計，以現在的兵力來看，恐怕難以獲勝，不如將這次返鄉的士兵延緩一個月遣送，以確保兵力。」

諸葛亮說：「我率軍的一個基本原則，就是凡是與部下約好的事情必定會遵守。」他依然如期遣返輪班修整的士兵。士兵們聽到這個消息後，士氣大振，紛紛自動返回戰場，英勇奮戰，結果大敗敵軍。

這次戰爭中，諸葛亮憑著信義，喚起了士兵的勇氣和鬥志，也順利取得勝利，可見，見機行事之餘，更得懂得重視信譽，或許能收得意想不到的效益。

做人靠手腕，做事靠手段

許多先聖先哲教我們做人做事必須誠實，但一般來說，誠實不如欺騙能夠圖利。

——柏拉圖

廢話太多不如不說

西方的諺語說：「爭辯是銀，沉默是金。」指出了用沉默的方式來說服別人的力量，確有妙不可言的獨特效力。

並不是所有的事情都必須依賴言語來解決，在某些特殊的場合下，一言不發比滔滔不絕的言語更具有力量。

西方的諺語說：「雄辯是銀，沉默是金。」也是指出了用沉默的方式來說服別人的力量。

戰國時，秦昭襄王第一次召見范睢時，范睢採用的便是沉默的說服法。

當時秦昭襄王在位已三十六年，但國家軍政權力依然掌握在母親宣太后和叔叔

穰侯手中，使得昭襄王無法獨立操政，實行變革。范雎就是在這時到達秦國，他先上書給昭襄王，表示自己有辦法使秦國富強，還暗示了如何處理昭襄王與宣太后、穰侯之間的問題，昭襄王於是召見范雎。

到了召見那天，范雎故意事先在接見的地點周圍四處閒逛，昭襄王駕到時，侍臣看到有人在附近閒逛，便喊道：「大王駕到，迴避！」

范雎這時故意提高聲音說道：「秦國哪有什麼大王，只有宣太后和穰侯而已！」

這話正好擊中了昭襄王積壓在心中許久的心病。他有些不安地接見范雎，對他說：「早該拜見先生的，只是政務煩心，每天要去請示太后，所以延遲至今。我生性愚鈍，請先生不要客氣，多加教誨。」

但范雎一言不發，若無其事地向四周顧盼著。大廳內靜悄悄的，氣氛十分凝重。左右群臣們都有些不安地關注著事態的發展。

昭襄王猜想可能是由於眾臣在場，范雎有所不便，就摒退眾臣。但范雎仍然沉默到底，不發一語。

昭襄王於是又問道：「先生有什麼賜教的？」

范雎開了口說：「是，是。」

停了一會兒，秦王又一次請教，范雎仍只是說：「是，是。」

如此重複了好幾次。

終於昭襄王忍不住了，說道：「先生不肯指教我嗎？那麼至少也該解釋一下為

什麼一言不發！」

這時范雎才拜道：「不敢如此。」於是滔滔不絕地談下去。他談論的主要內容

即是著名的「遠交近攻」策略，同時也談及太后、穰侯等人獨斷專權、架空昭襄王

一事，並提出了應對方針。

秦昭襄王聽了范雎的話之後，十分讚賞，馬上任命他為顧問。幾年後，又讓范

雎做了秦國宰相。

後來他對范雎說：「過去齊桓公得到管仲，時人稱他為『仲父』；現在我得到

您的輔佐，也要稱您為『父』！」

范雎別出心裁的說服方法，確有妙不可言的獨特效力。

沉默使昭襄王摒退了眾臣,也使昭襄王懷著一種驚異而又專注的心理來傾聽范睢的意見,並吊足了昭襄王的胃口,使他對范睢更為敬重了。

由於會見前,范睢已出其不意點明了昭襄王憂心的事,所以不用擔心自己不言而昭襄王不再求問,正是有了這種十足的把握,他才敢採用沉默的方法進行說服。

范睢正是因為懂得適時沉默,見機行事,才有機會一展自己的長才。

做人靠手腕,做事靠手段

每個人都有自己相信的座右銘,我的成功座右銘就是:人不可不要臉,但臉皮一定要夠厚。

——約翰‧雷

先培養實力，再等待時機

空有時機而沒有深厚的實力，一切終究只是個「零」，在這種情況下強行運作，是不會有任何奇蹟的結果的。

在自己的實力尚未充足之前，若急著想要冒出頭，反而容易導致反效果。

西漢末年的王莽本是漢室外戚，受封為新都侯，後來又出任大司馬掌理朝政，榮華富貴享用不盡，卻仍然老想嚐一嚐當皇帝的滋味。

於是，他挖空心思，為這場皇帝夢進行周密的準備。

為了能取信於民，獲得眾人的支援，他開始包裝自己，成為一個禮賢下士的好宰相，並且塑造愛民如子、秉公執法形象，還帶頭倡導簡樸生活，當兒子犯法時，

也沒有枉法徇私，而是大義滅親。

種種舉動，果然讓許多人都相信，他是一個清正廉潔、愛民如子的好官，對他也產生了許多好感。

接著，他又玩起裝神弄鬼的把戲，命人在一塊石板上刻上「漢家江山應由王莽接任」等字，並讓人們發現其中字樣。

消息傳開之後，王莽還故意裝作無辜，上朝請罪，並發下重誓，說自己絕對無意奪取漢室江山，這個風波輕鬆過去之後，讓人們對王莽更加看重。

那麼，奪權篡位的時候到底成熟了嗎？

經過了很長時間，王莽以為時機已到，便弒君篡位、改朝稱帝，沒想到此舉，讓人民對他頓生反感，無論他先前做了多少「好事」，花了多少功夫包裝，人民仍然紛紛起身聲討。

加上王莽推行新政，法令繁苛，把國家治理得亂七八糟，弄得民不聊生、盜賊蜂起，這讓王莽更如過街老鼠，人人喊打，各地的反對勢力也逐漸聚集。

皇帝做得提心吊膽的他，終日寢食難安，不久內憂外困一併襲來，結果他只當

了十幾年毀譽參半的皇帝，便匆匆走下歷史舞台了。

空有時機而沒有深厚的實力，一切終究只是「零」，在這種情況下強行運作，是不會有任何奇蹟的結果的，就像滿腦子幻想卻又眼高手低的王莽一樣。

沒有人有永遠的運氣，更沒有人可以只靠包裝便能獲得成功。實力是根，包裝只是外在的枝葉，當暴風雨來襲，枝葉總是受不了風吹雨打而斷裂折損，如果樹根紮實，那麼大樹還能繼續成長，終有一天會重現繁茂。

然而，若是根沒有紮深，大風一吹便連根拔起，再美麗茂密的枝葉又有何用？

做人靠手腕，做事靠手段

成功的動力是對一切抱持成功的希望，在這個充滿競爭精神的社會，你會想去艱難的地方，跟競爭者短兵相接。

——理查·胡伯

用自信爭取你應得的權利

知道自己的價值在那裡,你就可以堅持「交易價格」,只要你有信心保證品質,你就絕對有權利爭取屬於自己應得的價值。

人生最艱難的事,並非是如何「做人」,也不是如何「做事」,而是同時具備做人做事的厚黑謀略。

不管做人或做事,都必須要有為自己爭得權利的堅定信心和行動。

波姬絲是一家電視台的新聞主播,在這家電視台做了五年多,她的新聞節目被評為當地的第一流節目,可是五年下來,她卻沒有獲得應有的報酬。

當她與電視台重簽合約、談判時,電視台經理向她暗示,續簽合約是在照顧她,

她應該感到幸運。

然而，她很清楚地聽出了經理話中的弦外之音：「妳隨時都可能被取代，不應該咄咄逼人。」

當她要求修改合約時，電視台經理大發雷霆，但是，她強烈地相信自己的價值，所以不願讓步。

這段時間，新聞部主任經常把她叫到辦公室裡，並對她的工作大聲指責，而且每次訓斥結束後，都會說：「把這個合約簽了吧！」

四個月過去了，波姬絲仍然毫不動搖，最後，電視台經理無計可施，不得不同意波姬絲提出的要求。

就在她簽訂合約之前，她把合約拿去徵詢一位律師的意見，律師建議她最好在措辭上做幾處小小的改動。但當她回到電台，告知他們此事時，他們暴跳如雷，對著她咆哮著說，他們的耐性已經到了極點。

即使這樣，波姬絲也絲毫不讓步。

最終，電視台只好根據雙方都能接受的意見，對合約的措辭上進行修改，簽訂

了一項為期三年的合約。

對於這件事的過程，波姬絲說說：「如今，他們知道我是一個什麼樣的人，我說到做到，和我在一塊兒工作過的人都對我說，我應該要求比我真正想要的更多。

不過，我不會那樣，我要求他們給我提供必要的條件，而不想奢求其他錦上添花的條件，我只要求我應得的。」

知道自己的價值在那裡，你就可以堅持自己的「交易價格」，只要你有信心保證品質，你就絕對有權利爭取屬於自己應得的價值，就像波姬絲一樣。

做人靠手腕，做事靠手段

真相往往是一顆難以下嚥的苦藥，但是，無論如何，我們不能讓幻想像野草似的繼續生長。

——茨威格

05

自作聰明，
小心惹禍上身

人可以沒有大智慧，
但是絕對不要亂耍小聰明，
否則就會步上楊修的後塵，
為自己招來禍害，死得不明不白。

用人不疑的領導態度

領導者在寬厚待人的同時,只要能用人不疑,並給部屬充分的信任,自然能讓人才充分地發揮自己的聰明才幹。

要想成為一個傑出的領導者,就必須嚴格地要求自己,做到寬厚待人、善於合作,以增強團隊的凝聚力。

有一年,魏國國君魏文侯決定派大臣樂羊率軍攻打中山國,問題是,樂羊的兒子樂舒當時正在中山國擔任重臣。

這個問題立即引起朝中大臣的爭議,他們認為,樂羊雖然善於佈兵打仗,但是這回卻是父子對立,樂羊恐怕不會全心全意為國效忠。

儘管朝中爭議頗多，但魏文侯卻沒有改變主意，依然派樂羊帶兵出征。

樂羊抵達中山國後，決定用圍而不攻的戰略，消耗中山國的糧食和水源，因而一連好幾個月，樂羊皆按兵不動，也不曾發動一兵一卒，朝中持反對意見的大臣見狀，紛紛上書魏文侯，要求撤換樂羊的職務。

然而，魏文侯仍然只是一笑置之，當朝中罷免的聲浪高張時，魏文侯反而派遣專使帶著酒食、錢糧去慰問樂羊，並且犒賞軍隊。

最後，樂羊終於按照原訂計劃攻克了中山國，凱旋歸國。

魏文侯當然非常高興，特意為樂羊舉行了一場盛大的慶功宴，而那些非議過樂羊的大臣們，個個都自覺慚愧，頻頻稱讚魏文侯用人不疑。

宴會結束，魏文侯賞給樂羊一個密封的木箱，樂羊回到家後打開一看，發現裡頭不是金銀珠寶，而是滿滿一箱大臣們彈劾他的奏章。

樂羊這時才明白，如果不是魏文侯對他的信任，不要說攻打中山國的任務不能完成，恐怕連自己的性命也難保了。

魏文侯是戰國初期的英明君主，流傳著許多諸如此類的故事，「用人不疑」的

領導原則，使他能夠在大混戰的時代，率領魏國登上歷史舞台。

在樂羊伐中山國這個典故中，魏文侯的表現說明了身為一個領導者，必須要寬容大

度，虛心採納部屬的意見，即使他的想法與自己不相符合，也應該仔細考慮，找到合理

的解決辦法。此外，當部屬犯錯時，或執行的任務不順暢之時，也千萬不要落井下石，

應該真心誠意地幫助他，找出錯誤的原因，進行修正。

領導者在寬厚待人的同時，只要能用人不疑，並給部屬充分的信任，自然能創

造良好的工作條件，讓人才充分地發揮自己的聰明才幹。

做人靠手腕，做事靠手段

證據顯示，當人類面對不確定性時，所有的決定和選擇，都只是一再重複非理

性、不一致性及無能而已。

——柏恩斯坦

領導者要有放手一搏的氣魄

身為一個領導者，應該讓部屬有良好的環境得以發揮才能，萬一遇到困境時，更應該有「用人不疑」，堅持自己的判斷。

春秋五霸之一的秦穆公，曾留下一段用人不疑的歷史佳話。

秦穆公登上歷史舞台之時，正值秦晉爭霸的關鍵時刻，秦穆公想要藉這個機會強行越過晉國，消滅晉國的鄰國鄭國。於是，秦穆公派孟明視、西乞術、白乙雨三位大將率軍出征，然而這個消息卻被晉軍截獲，於是晉軍趁機狙擊，反而讓秦軍全軍覆沒，三位大將們成為戰俘。

晉國為了趁機羞辱秦國，並沒有殺這三位大將，而是故意將他們放回秦國，請秦穆公自行處理。

秦國舉朝上下皆為此事感到羞憤不已,三位主將也恨不得以死謝罪,但秦穆公卻身穿縞素,親自到郊外去迎接他們,並為戰死的將士痛哭流涕,之後又向全國發佈了引咎自責的《秦誓》。

他說:「孟明視等人都是傑出的將領,他們因為寡人做了錯誤的判斷,而導致如此巨大的慘敗,但勝敗乃兵家常事,我想將軍們一定會振作起來,為國雪恥。」

這個動作果然奏效,孟明視等三位將領從此勤奮練兵,耐心地等待復仇的時機到來,好一雪恥辱。

誰知道,一年之後,孟明視等率領軍隊討伐晉國,卻依然慘敗,這種情況下,大臣們都認為,不能再繼續任用這三個酒囊飯袋了。

然而,秦穆公卻不顧眾人反對,仍然讓他們位列將相,並幫助他們整頓軍政。

這也讓孟明視等將領更加忠誠,誓言一定要報答秦穆公的知遇之恩,實現《秦誓》所言,為國雪恥。

歷經三年的厲兵秣馬,孟明視三人再度率軍伐晉,這一戰秦軍勢如破竹,晉軍大敗潰逃,終於一雪國恥。

從秦穆公這個例子中，我們可以得知，身為一個領導者，除了應該有寬廣的胸懷，還要有高瞻遠矚的用人眼光，給部屬良好的環境得以發揮才能。萬一遇到困境時，領導者更應該有「用人不疑」的氣度，堅持自己的判斷，與部屬同甘共苦。

這樣一來，才能讓部屬產生「士為知己者死」的情緒，激發出必勝的決心和潛力，使工作得以順利推展。

做人靠手腕，做事靠手段

真正成功的人，就是能借助別人失敗的經驗，來讓自己學會更聰明地獲得成功。

——蘇格拉底

自作聰明，小心惹禍上身

人可以沒有大智慧，但是絕對不要亂耍小聰明，否則就會步上楊修的後塵，為自己招來禍害，死得不明不白。

在現實社會中，我們常常可以看到，有些人明明有才有識，但是他們越表現自己，大家就越要孤立他們，有機會的時候，還會設法扯扯後腿，這是因為他們不懂得做人做事的哲學，只不過自作聰明的大傻瓜。

現代社會，除了金光黨之外，故意裝瘋賣傻的人少了很多，可是自作聰明的人卻仍然處處可見。這些自作聰明的人真的聰明嗎？恐怕不見得吧！

名列建安七子的楊修是曹操陣營裡的主簿，以思維敏捷、才華過人著稱。

有一回，曹操率領大軍在漢中迎戰劉備，雙方在漢水一帶對峙很久時，曹操由

於長時間屯兵，已經到了進退兩難的處境。

有一天夜裡，大將夏侯惇入到主帥帳內請示夜間崗哨號令，曹操此時見晚餐中

有根雞肋，有感而發，隨口說道：「雞肋！雞肋！」

於是，夏侯惇便把「雞肋」當作號令傳了出去。

行軍主簿楊修聽到後，隨即叫士兵們收拾行裝，準備撤軍事宜。夏侯惇感到奇

怪，就把楊修叫到帳內詢問詳情。

楊修解釋道：「雞肋雞肋，棄之可惜，食之無味。如今的局勢是進不能勝，退

恐人笑，屯駐在此處又有何益？不久丞相必定會下令班師。」

夏侯惇聽了之後非常佩服，營中各位將士便都打點起行李。

但是，當曹操得知這種情況之後，不禁勃然大怒，最後便以楊修造謠惑眾、擾

亂軍心的罪名，把他處斬。

楊修的確猜中了曹操的心思，但是肆無忌憚耍弄小聰明的結果，卻為自己惹來

殺身之禍。

試想,在兩軍對陣的非常時刻,曹操怎麼容得下楊修代他發號軍令?

人可以沒有大智慧,但是絕對不要亂耍小聰明,否則就會步上楊修的後塵,為自己招來禍害,死得不明不白。

當然,這並不是教你當個裝瘋賣傻的小丑,而是強調該聰明的時候要放聰明一點,不應該聰明的時候就要「沉默是金」。

裝瘋賣傻只是愚人的伎倆,或是在危急狀況下不得已而採用的手段,平時何必糟蹋自己去做這種事?

只是,有些事心裡知道就好,千萬不要為了顯示自己很聰明而說出來。

做人靠手腕,
做事靠手段

理性的人會做出對他最適合或最有用的選擇,依照他的知識與能力,依照他既有的喜愛與偏好,做出最好的選擇。

——大衛‧赫希萊弗

要讓私心變得名正言順

愚者只顧一己的私心，不管別人的需求和觀感，終究只是井底之蛙的格局，過度膨脹就會把自己的肚皮撐破。

歷史上許多事例都證明了愚者與智者的差別。愚者只顧自己的私心，最終引起眾人的反感而一敗塗地，但是，智者不僅知道自己的私心，也瞭解別人的私心，懂得為眾人謀求利益，所以成就傲人功業。

春秋時代，鄭國君主鄭莊公和他的弟弟共叔段都是姜氏的兒子。

由於姜氏生鄭莊公時差點難產致死，因此對於鄭莊公相當厭惡，一點也不關愛這個兒子，只疼愛小兒子共叔段，還幾度企圖密謀要讓鄭武公廢掉鄭莊公，改立共

叔段為太子。

鄭武公去世後,為了共叔段,姜氏千方百計向鄭莊公討了京地,讓共叔段成起了「京地太叔」。

大臣祭仲對鄭莊公說:「都城超過了百里,將會是國家的禍害,如今京地超過了它本應有的限度,不合先祖的體制,你將來會無法控制的。」

鄭莊公便說:「你等著瞧吧!那小子多行不義,必會自取滅亡。」

後來,「京地太叔」共叔段,開始在京地周遭劃出屬於自己的地域。

鄭國大夫公子日對鄭莊公說:「假如您打算把鄭國送給共叔段,那我就侍奉他;您如果不甘心讓位於他,那麼請您讓我除掉他!」

鄭莊公淡淡地說:「用不著除掉他,他會自己惹禍上身的。」

只見企圖心日益壯大的共叔段,把原來劃出的地域正式收為自己所有。

大臣於封便警告鄭莊公:「土地廣大會得民心。」

鄭莊公卻仍然堅持說:「共叔段多行不義,不能籠絡民心,會因此而垮台的。」

於是,共叔段繼續修葺城牆,製造武器、步車,計劃與姜氏裡應外合,襲擊鄭

莊公。

鄭莊公聽到共叔段發動突襲的消息，連說：「太好了！」

於是，命令大隊人馬伐京，而京地的人民也背叛共叔段，紛紛臨陣倒戈，讓共叔段不得不倉皇逃走。

共叔段與姜氏二人目光短淺，只注意自己的小利，因而自取滅亡；鄭莊公則因胸懷大志，等待平叛的時機成熟，以正義之師出兵討伐，所以能一舉得勝，獲得人民愛戴。

所謂「人無私心，天誅地滅」，一般人為了滿足自己的需要，或者是實現自己的理想願望，有時候難免會有私心或做出傷害他人的事。

但是，這樣的私心也有智愚的區別，可說是成敗的關鍵。

愚者只顧一己的私心，不管別人的需求和觀感，終究只是井底之蛙的格局，過度膨脹就會把自己的肚皮撐破。

唯有智者知道必須把自己的私心和眾人的利益結合，讓私心變得名正言順。當

眾人的需求得到滿足後，自然自己也會得益，開創出一片全新的遠景。

做人靠手腕，做事靠手段

一。

設法讓別人的鐮刀，心甘情願地割在你的麥穗上，是成功者必須具備的條件之

——賀拉斯

懂得變通，才會成功

平時多用心設想各種可能發生的狀況，當變故發生之時才不會手忙腳亂，犯下致命的錯誤而付出慘痛的代價。

很多人習慣把聰明和變通掛在嘴上，但是絲毫不知所謂的聰明，不是智力測驗得到的成績，而是對事物的感受能力和理解能力；所謂的變通也不是毫無遠見的求新求變，而是看清事物本質所做的各種努力。

在現實社會中，唯有隨時捉緊社會需求，隨時扣緊生活脈動，我們才能不擔心跌倒，更能在跌倒前緊捉生命的新契機，看見生命更精采的一面。

日本阿托搬家公司的創始人寺田千代的丈夫原來是駕駛卡車的司機，然而中東

戰火導致石油危機發生之後，運輸行業開始衰落，他也面臨了失業的命運。有一天，寺田千代偶然在報紙上看到，有些家庭每年都要為搬家支出大筆費用，這則消息給了她全新的靈感，鼓勵丈夫自行創業。

寺田千代和丈夫計劃成立了搬家公司之後，為了讓業務增加，首先想到了如何運用電話簿的功用。

當時，一般人想要尋找搬家，都會從電話號碼簿上查找搬家公司的電話號碼，她也發現，日本的電話簿是按行業分類，同一行業再按日語字母排序。

因此，寺田千代巧妙地把自己的新公司命名為「阿托搬家中心」，這使得它在同行業的電話簿排列中排行首位，在顧客選擇搬家公司時佔有更高機率，接著她又選了一個既醒目又好記的電話號碼。

公司正式開張後，她開始為搬家技術進行了一系列的革新。

在大多是高樓公寓的日本，她設計了搬家專用的箱子和吊車，同時向顧客提供與搬家有關的服務配套，包括代辦清掃消毒、申請換裝電話、子女轉學及解決廢棄物等三百多項瑣碎事務。

此外,奪田千代還打破了「行李未到,家人先到」的搬家常規,將既無奈和煩人的搬家,變成了終生難忘的旅行。

她向歐洲最大的車廠巴爾國際公司,訂做了一台命名為「廿一世紀之夢」的搬家專用車。這種車前半部分成上下兩層,下層是駕駛室和置物空間,上層足可以容納六個人的豪華客廳,裡面有舒適的沙發,嬰兒專用的搖籃,還裝有電視機、組合音響、電冰箱、電視遊戲器……等設施。

當這個新型搬家車在電視廣告中一曝光後,預約搬家的客戶立刻蜂擁而至,使得客源方面無後顧之憂。

寺田千代後來也被評為,全日本最活躍的女企業家之一。

這個例子說明了,不管從事什麼行業,都難免面臨景氣的榮枯循環,在景氣好的時候要設法力爭上游、精益求精,在景氣陷入低迷的時候則必須懂得變通,才會遇上峰迴路轉的契機。

所以,經營者應該不斷就市場需求和消費習慣的變化,調整產品結構和經營戰

略，並不斷地適應市場需要，才能使自己立於不敗之地。

走在人生的旅途上，做人做事的道理也是相同的，平時就必須多用心設想各種可能發生的狀況，如此一來，當變故發生之時才不會手忙腳亂，犯下致命的錯誤，付出慘痛的代價。

做人靠手腕，做事靠手段

我們追求的目標是，不只要比競爭者做得更好，還要把品質提升到煥然一新的境界，改變競爭情勢。

——傑克・威爾許

出奇制勝，才是成功的捷徑

人是善變的，任何一種產業都在不斷改良以適應市場不斷改變的需求，所以應該出奇制勝，用自己獨到眼光去發現別人未做過的事業。

許多人都抱怨自己比別人聰明能幹，但就是因為欠缺機會和運氣，日子才會過得不如意，但真的是如此嗎？

在瞬息萬變的競爭社會裡，與其把時間浪費在開會、空談上，不如把握時機，當機立斷，發揮自己的決斷力，才能搶先一步，贏得先機。

十九世紀中葉，美國加州出現一股尋金熱，許多人都懷著發財夢爭相前往。

當時，一個十七歲的小農夫亞默爾也想去碰碰運氣。然而，他卻窮得都連船票都買

不起了,只好跟著大篷車,一路餐風宿露趕往加州。

到了當地,他發現礦山裡氣候乾燥,水源奇缺,而這些尋找金子的人,最痛苦的事情便是沒水喝。許多人一邊尋找金礦,一邊抱怨:「要是有人給我一壺涼水,寧願給他一塊金幣!」

這些牢騷,居然給了亞默爾一個靈感,心想:「如果賣水給這些人喝,也許會比找金礦賺錢更容易。」於是,他毅然放棄挖金礦的夢想,轉而開鑿渠道、引進河水,並且將引來的水過濾,變成清涼解渴的飲用水。

他將這些水全裝進桶子裡或水壺裡,並賣給尋找金礦的人們。

一開始時,有許多人都嘲笑他:「不挖金子賺大錢,卻要做這些蠅頭小利的事業,那你又何必離鄉背井跑到加州來呢?」

對於這些嘲笑,亞默爾毫不為所動,專心地販賣他的飲用水,沒想到短短的幾天,他便賺了六千美元。在許多人因為找不到金礦而在異鄉忍饑挨餓時,發現商機而且善加運用的亞默爾,卻已經成了一個小富翁。

不要一窩蜂跟著流行，這樣只會把市場的惡性競爭提高，在相互砍價的割喉戰之後，不但損失了品質，到後來還會入不敷出，面臨破產的危機。

凡事都要想到別人還沒有想到的一面，方法也必須講求創新，因為人是善變的，任何一種產業都必須不斷地改良，以適應市場不斷改變的需求。

有人說：「凡事第一個去做的人是天才，第二個去做的人是庸才，第三個去做的人是蠢才。」但是，我們偏偏看到，有的人即使編號第一千萬個，即使擠破頭也改不了一窩蜂的本性。其實，想成功就應該出奇制勝，用自己獨到眼光去發現別人未做過的事業，這才是成功的捷徑。

做人靠手腕，做事靠手段

了解競爭對手的實力比了解自己的實力更為重要。打仗的關鍵，在於你該針對競爭對手採取什麼戰術，而不是拿戰術來配合自己。

——賴茲

你是老闆不是總管

領導者要學會運籌帷幄之中，決勝千里之外，充分調動每個下屬的積極性，整個機構就會像一台精良的機器一樣流暢地運轉。

在我們身邊，常常可以看到這樣的領導者，整天勤勤懇懇，早來晚走，無論大事小情，樣樣親力親為。

這樣做的確非常努力，又十分辛苦，但所負責的工作卻常常雜亂無章。

這些領導者像陀螺一樣，從早轉到晚，不停地轉，問他到底在忙什麼，問十次，能得到十個不同的答案。

高明的領導者應該怎樣處理繁雜的事務呢？下面舉出兩個事例。

漢宣帝時有一位宰相名叫丙吉，有一年春天，丙吉乘車經過繁華的都城街市，撞見有人群鬥，死傷極多，但是他卻若無其事地通過現場，什麼話都沒說，繼續往前走。

不久又看到一頭拉車的牛吐出舌頭，氣喘吁吁，丙吉馬上派人去問牛的主人到底怎麼一回事。

旁邊的隨從看見這一切，覺得很奇怪，為什麼宰相對群鬥事件不聞不問，卻擔心牛的氣喘？如此豈不是輕重不分，人畜顛倒了嗎？

於是，有人鼓起勇氣請教丙吉。

丙吉回答他：「取締群毆事件是長安令或京兆尹的職責，身為宰相只要每年一次評定他們的勤務，再將政績上報給皇上就行了。宰相對於所有瑣碎小事不必一一參與，因此，路上取締群眾圍鬥不需要我的參與。」

「我之所以看見牛氣喘吁吁要停車問明原因，是因為現在正值初春時節，牛卻吐著舌頭氣喘不停，我擔心可能有陰陽不調的氣候。天道與人事常常共通，自然界的陰陽失調也往往意味著政治的得失。宰相的職責之一就是要順調陰陽，所以我才

特地停下車詢問原因何在。」

眾隨從聽後恍然大悟，紛紛稱讚宰相英明。

從這個故事可以看出，領導者必須要能隨機應變，應下功夫做的事情有三大類：

第一是對大局的判斷和掌握，第二是調整團體的能力，第三是讓部下各盡所能，充分發揮他們積極性。

「六出奇計安天下」的陳平在年輕時就協助劉邦打天下，對劉邦的成功貢獻很大，陳平晚年被漢文帝任命為宰相。

有一天，文帝同時召見左丞相陳平和右宰相周勃。

文帝首先問周勃：「全國一年中判決的案件有多少？」

周勃回答：「臣不肖，對這件事不甚清楚。」

文帝又問：「那麼，國庫一年的收支大概多少呢？」周勃仍然回答不出，十分慚愧，急得汗流浹背。

接下來文帝又問陳平同樣的問題。陳平回答：「關於這些問題，我必須詢問負責人才能知道。」

文帝又問：「誰是負責人呢？」

陳平回答：「陛下若問判決案件的情況，可以詢問廷尉；問錢糧收支的情況，可以詢問治粟內史。」

文帝步步緊逼，說道：「倘若所有職務都各有所司，那麼宰相又負責什麼呢？」

陳平冷靜地回答：「宰相一職，對上輔佐天子調理陰陽，順應四時，對下養育萬物適時生長，對外鎮撫四夷和諸侯，對內愛護團結百姓，使公卿大夫各自能夠勝任他們的職責。」

文帝聽完這番話，不由得點頭稱是。

不久周勃託病辭職，此後便由陳平一人獨承宰相大任。陳平一向的作風，正如他自己告訴文帝的，是針對每個人的才能賦予應做的工作，自己則加以督導。陳平因指揮得宜，被後世譽為名相。

從陳平的行為可以看出,領導者用不著事必躬親來顯示自己的聰明才幹,有的時候要學得「糊塗」一點,該放手時就要放手。要學會運籌帷幄之中,決勝千里之外,充分調動每個下屬的積極性,使其各盡所能,各安其職,這樣整個機構就會像一台精良的機器一樣流暢地運轉。

對於這個問題,許多外國商業精英有同樣的看法。

英國大出版家諾茨可里夫生平所做的事業極多,如果換成別人,早已忙得不可開交,但是他仍能從容不迫,應付自如。

許多朋友對於他這樣的才幹深覺驚奇,他說:「我自己只擔任指揮工作,一切機械式的事情都交給那些能夠勝任的人。我深知要成就事業,最重要的是時時創新的計劃、指揮得法和監督不懈。至於那些凡是助手能夠辦妥的工作,我盡可不必動手。」

諾茨可里夫曾經做過一次實驗,有一次他把辦公室和工廠的重要主任職員調開十人以上,結果發現整個組織的運作絲毫不受影響,一切工作仍能照常進行。

其實，這是一個極為平凡的訣竅：「把各種瑣事儘量交給部屬去做。」

不過，切記，你之所以要把瑣事交給下屬去做，是因為你需要去思考更重要的事情，需要去制定新的關係到整體發展的計劃，並且視情況變化採取因應之道，這些工作才是你的分內之事。

做人靠手腕，做事靠手段

如果我們未曾嘗試改變一些事情，我們就會成為自己失敗的幫兇。我們沒有一個人可以逃得了失敗所產生的壓力。

——馬克·麥考梅克

用人不疑，疑人不用

除了運用自己的權力給人創造發揮才幹的機會之外，還要能在流言如矢的情況下，持信而不移，並且在遇到困境時，能與下屬同甘苦、共患難。

想成為一個卓越的領導者，必須懂得領導統御藝術。而且在領導部屬的過程中，激發部屬的辦事效率與真正能力。

用人不疑，就是對自己的屬下充分的信任，不要動不動就質疑對方的能力和忠誠度。必須創造良好的前提條件，讓他們獨立地發揮才幹。

如果對對方有所懷疑，還不如乾脆不予重用，否則不僅無法發揮下屬的積極性，下屬也會因為你的懷疑而產生棄你而去的想法。

經此一戰，秦國國威大振，秦穆公也成為了「春秋五霸」之一。

三國時代，東吳的君主孫權有一次準備攻打荊州，想讓大將呂蒙和自己的堂弟孫皎一起擔任總指揮。

可是呂蒙卻說：「主公若認為呂蒙可用則獨用呂蒙；若認為叔明（孫皎字）可用則獨用叔明。」

孫權最終信任呂蒙，單獨任命他為總指揮。

呂蒙之所以這麼說，是因為他知道，有的工作需要多人合作，有的工作卻必須一人獨專才行。指揮軍隊就屬於將令統一、獨斷專行的工作。如果兩個人性格不同，意見產生分歧，對軍隊的戰鬥力是一個很大的削弱。孫權也正是瞭解了這個道理，才給予了呂蒙足夠的信任。

結果在這場攻打荊州的戰爭中，鎮守荊州的蜀國大將關羽「大意失荊州」，被東吳奪取了荊州的大片土地。

要做到用人以信、用人不疑並不是件容易的事，除了能運用自己的權力給人創

造發揮才幹的機會之外,還要能在流言如矢的情況下,持信而不移,並且在遇到困境時,能與下屬同甘苦、共患難。

用人並不只是以消極的態度等待部屬發揮才幹、創造佳績,而是以積極的態度參與其中,隨時局變化有所應變,任用並相信適當的人,才能增強下屬的信心,讓他們發揮應有的能力。

做人靠手腕,做事靠手段

現代人很有趣,雖然有些人樂觀進取,有創意和智謀,但我認為它代表的是大部分人的心靈退化,很容易就被騙、被說服。

——康拉德

怪別人，當然比怪自己容易

> 人最大的弱點就是看不見自己的缺點，人最大的盲點也是看不見自己的缺點。

某家公司謠傳出現了財務危機，營業額大幅下降，使公司面臨了前所未有的重大考驗，人事部甚至傳出風聲可能即將裁員以維持公司營運。

因此，董事長特別召集全體員工，開了一次緊急會議，並請各部門主管檢討營業額下降的原因。

首先，甲主管比較了其他同業的銷售現象，接著，乙主管分析了市場全面不景氣的因素。

說著說著，輪到第五個主管開始報告時，董事長再也按捺不住，猛然站起來，

故意將咖啡灑在乾淨的地板上，並宣佈：「會議暫停五分鐘，請工友進來清理一下。」

大夥兒見到這個突如其來的舉動，全都嚇呆了，個個屏氣凝神，不知道董事長到底要做什麼。

正當工友清理地面的同時，董事長平靜地對大家說：「比起前一任工友，現在的工友取代了他，得到了這分工作，並替自己創造了經濟利益。現在你們也是一樣，面對同樣的地區、同樣的對象、同樣的商品，但是營業額卻比不上從前，這究竟是誰的錯呢？」

全體員工開始低著頭省思，主管們也總結了自己的錯誤，第二年，該公司的營業額終於突飛猛進，打破了歷年來的紀錄。

人最大的弱點就是看不見自己的缺點，人最大的盲點也是看不見自己的缺點。

考試考砸了，一味推說老師出的題目刁鑽古怪，會的都不考，就是不怪自己不用大腦。

上班遲到，我們抱怨政府不把交通整頓好，連騎機車也會塞車。

小孩做錯事，我們罵他們不長進、不受教，怎麼就是沒繼承大人的優良血統呢？

然而，這真的都是別人的錯，完全不關自己的事嗎？還是只因為怪別人比怪自己容易，推卸責任比承擔過錯來得簡單呢？

知難行易，知易行難，這又是誰的錯呢？

做人靠手腕，做事靠手段

使我詫異的是，任何一個人未反省自己之前，何以能厚著臉皮去責怪別人。

——毛姆

見機行事
就能創造優勢

懂得見機行事，就能創造自己的優勢；
只要能夠隨機應變，適時以退為進，
就能創造無限商機。

對人用心就能得到人心

能夠記牢對方的姓名，最容易讓人產生良好印象，這種本領在交際場合中大有用處。

相傳，袁世凱有個特殊的本領，無論何人，只要見過一次面，第二次相見時就能說出對方的姓名。某學者與袁世凱曾有一面之緣，某次因事到「總統府」拜訪他，袁世凱一見到他，便握手直呼某先生。

對於袁世凱能認得見過一次見面的客人，大家都感到很驚奇。袁世凱的記憶力確實異於常人，究竟有何特別要訣，外人不得而知。不過，若能夠記牢對方的姓名，最容易讓人產生良好印象，這種本領在交際場合中大有用處。

例如，某人對你十分熟悉，你偏偏叫不出他的姓名，雖然可以用含糊的方法敷

衍過去，但心裡終究覺得不安。有時因為身份的關係，別人不便先招呼你，你卻應

該先向他打招呼，這時你如記不起姓名，不去招呼，可能被誤認是自大傲慢、目中

無人，這就不妙了。

所以，要在交際場中佔優勢，熟記對方的姓名是一件必不可少的功夫。

有的老師能夠在初見面就叫出學生的姓名，並非憑藉什麼神秘方法，而是預先

做一種別人不肯做的功夫，就是拿學生的照片來反覆辨認。

普通人通常不肯下這種煩瑣而乏味的功夫，其實要熟記陌生人的姓名，從照片

上認識相貌，同時與姓名一齊熟記，是很容易辦到的事。

如果你即將遇見的人，但手邊沒有照片，那麼預讀照片的辦法便無法應用了。

這時不妨用見面的機會，細細辨認一下對方有什麼特徵，比方身材特別高，是個彪

形大漢；身體細長，像個電線桿；雙目明亮，或細如鼠目；嘴特別大，鼻子特別高；

頭上禿頂，常戴帽子；走起路來，一拐一拐的；或者雙耳招風，即使用頭髮也遮不

住……

人都有特徵,有的人還不止一種,把他的特徵作為新奇事物看,同時與姓名連

在一起,在短時間內一再反覆辨認,自然就會記得很熟了。

不過,還有一點必須注意,在記住對方特徵時,態度必須自然,不要顯出正在

辨認的神情,使對方察覺。這當然也要有點小聰明,若是雙目盯牢,端詳不已,是

很不禮貌的行為。尤其面對女性,光是這種動作就足以使人面泛紅暈,侷促不安了,

不可不慎。

做人靠手腕,做事靠手段

所謂的形象當然是虛假的,我必須鄭重地告訴你,這就像是一份報紙裡面,其

實只有廣告頁稍微可以相信。

——湯斯瑪・傑佛遜

見機行事，就能創造優勢

懂得見機行事，就能創造自己的優勢；只要能夠隨機應變，適時以退為進，就能創造無限商機。

許多人也許都有過這樣的經驗：在買東西的時候，買方和賣方都要講價，如果殺了半天還是不能達成交易，買方通常都會表示「不買了」，然後做能離去。這時，賣方往往會因害怕失去這個顧客而讓步。

這種手段，就是所謂的欲揚先抑、以退為進。不過，並不是所有人都能夠將這種手段運用得恰如其分。

有一次，一個美國畫商看中了一個印度人帶來的三幅名畫，印度人說每幅要賣

兩千五百美元，畫商嫌貴不同意。當時這樣一幅畫的價格大約在一千美元到一千五

百美元之間，畫商哪裡願意多出那麼高的價錢買呢？

雙方討價還價了半天，還是不能夠達成協定。這時印度人好像被惹火了，怒氣

沖沖地跑出去，拿出火柴，居然把其中一幅畫燒掉了。

美國畫商見到這麼好的畫頃刻之間化為灰燼，又是遺憾又是惋惜，連忙向印度

人求購剩下的兩幅畫。

可是這時，印度人竟然把每幅畫的價錢加價到四千美元。

「你難道發瘋了嗎？」畫商又拒絕了這種不合理的價格。

印度人二話不說，立刻又燒掉了其中的一幅。

畫商害怕這個瘋狂的印度人把最好的一幅名畫也燒掉，只好乞求道：「可千萬

別燒這最後一幅啦！」又問印度人願賣多少錢。

印度人毫不客氣地要價八千美元。

畫商雖然覺得昂貴，但還是掏錢買了下來。結果，印度人靠這最後一幅畫獲得

的利潤，竟比原來有三幅畫的時候還多。

物以稀為貴，尤其是古董、畫作等美術品，通常都是根據現存量的多寡來決定是否具有較大的升值空間。當在較低的價格時不能夠成交，印度人以退為進，用燒毀作品的方式表示「寧可燒了它，也絕不以低價成交」。

結果，這種看似糊塗的舉動反而收到了奇效。

戰國的時候，宋國有個商人叫監止子。有一次，監止子在市場上看到許多人在爭購一塊上好的璞玉。這塊璞玉雖然還沒有經過雕琢，但監止子一眼就看出它的價值遠遠超過賣方現在標出的價格金百斤以上。

監止子很想把這塊璞玉買下來，但他看到此時買家眾多，都想把它據為己有，而且他又不願意付出過高的價格。

於是，監止子假裝有意購買，把璞玉拿起來仔細地辨識。接著，他又假裝一個不小心把璞玉掉在地上，璞玉被摔出了一個缺口。

圍觀的買家立刻表示惋惜，紛紛離去了。賣玉的人十分憤怒，認為監止子毀壞

了他的寶貝,要拉監止子去見官。

監止子說:「你不要生氣,是我不對,我願意賠償你的損失。」於是,監止子

就用賣者最初標出的價錢金百斤將璞玉買下了。

等到回去以後,監止子找來能工巧匠將璞玉雕琢而出,並且將摔缺的一角補好。

這塊美玉的價值立刻上升到了金千斤,比他付出的價錢高出了十倍。

懂得見機行事,就能創造自己的優勢;只要能夠隨機應變,適時以退為進,就

能創造無限商機。

做人靠手腕,做事靠手段

人必須保持樂觀進取的精神,因為,最顯而易見的現象是,我們從來沒有見過

悲觀的富翁。

——艾倫‧布里德

費盡全力不如借力使力

神部借用報紙廣告來混淆社會視聽，創造對自己有利的局面，利用偷樑換柱、魚目混珠的借力使力方式達到最終目的。

在瞬息萬變的競爭中，身為一個企業領導者，無可避免地必須面對比過去更劇烈的環境變遷，以及競爭對手的無情挑戰，因此更必須懂得運用本身的智慧，將努力用在最有效益的地方。

古人云：「青蠅飛不過數武，附之驥尾可達千里。」

意思是，蒼蠅雖然飛不了多遠，可是由於依附在千里馬的尾巴上，就可以借助它的力量飛到千里之外。這種借助強者的力量發展自己的方法，是一種省力的捷徑。

日本的間組公司專營建築大壩和隧道。在第二次世界大戰結束後，日本迅速復

興，到處都在進行建設，用電量很大，鐵路和公路也加速施工，間組公司的業務發

展得很快，堪稱「大壩之王」，但與建築業的鹿島、大成、清水、大林、竹中等所

謂的「五大公司」相比，還有很大的差距。

間組公司的董事長神部滿之助對此很不服氣。從實力來看，間組公司不僅無法

與「五大公司」相比，實力排在它前面的大建築公司還有很多。如何勝過這些公

司，在城市建築業中佔有一席之地呢？

神部想出了一個看起來有些糊塗的辦法。他向日本各大報社支付了一筆鉅額廣

告費，要求報紙刊登「五大公司」的廣告時，將間組公司也列入其中，並且在以間

組公司的名義做廣告的時候，也將「五大公司」登在前面。

對報社來說，既然能收入鉅額廣告費，自然是滿口答應；對「五大公司」而言，

覺得間組公司花錢替他們打廣告，對自己有利而無害，也無異議。

於是，報紙上間組公司的名字經常與「五大公司」同時出現，引起了同行們譏

諷和嘲笑。有人當著神部的面稱間組公司為「第六大公司」，見了他就開玩笑地說：

「第六大公司的經理來了！」

神部卻泰然自若地答應，根本沒把人們的議論放在心上。

甚至連他的女兒在學校裡也受到了嘲笑。女兒向他哭訴道：「同學都說我們是騙子公司，罵我是騙子的女兒。」

神部安慰她說：「是不是騙子，最後才能定論。別看罵妳的人現在神氣，總有一天，妳可以加倍回敬他們。」

不管業內的人如何嘲笑他們，由於報紙廣告的作用，在普通人的心目中，間組公司儼然已經是建築業的第六大公司了。於是，越來越多人找該公司承建大樓，公司也全力而為。

間組公司在社會上慢慢有了聲譽，生意越接越多，將許多原本排在間組公司前面的大建築公司都甩到了後面。幾年以後，神部的願望實現了，間組公司終於名副其實地成為日本的第六大建築公司。

神部借用報紙廣告來混淆社會視聽，確實有「騙人」之嫌，就好像「濫竽充數」

之中的南郭先生一樣。

但是，這個「南郭先生」不甘心永遠做別人的陪襯，反而利用這個機會鍛鍊自己的能力。所以，間組公司最後可以由名不符實的第六大公司搖身一變而成爲名副其實的第六大公司。

神部懂得利用情勢，創造對自己有利的局面，利用偷樑換柱、魚目混珠的借力使力方式達到最終目的。

做人靠手腕，做事靠手段

在生命中沒有任何一個年齡或時間，也沒有任何立場或情況，能讓人永遠維持成功。任何年齡都是朝成功努力的開始。

——傑洛大主教

待人寬厚，才能獲得真正的支持

人會親近具有良好德行的人，是天性，也是自我保護的潛意識使然，所以若想要得到他人的支持，行事就不能太過不擇手段。

捷克文學家夸米留斯曾經說：「對於事實的健全判斷，是一切德行的基礎。」

行道德之事，並不是全然是受到良心驅使或社會規範。很多時候，將事情的輕重緩急、利弊得失都分析清楚後，我們會發現，良好的德行，不但不會損害既得利益，反而更能增加優勢。

秦朝滅亡後，項羽與劉邦展開了長達四年之久的「楚漢相爭」。當時戰況非常激烈，劉邦派手下大將彭越鎮守外黃城，楚霸王項羽則親自帶兵進攻，連戰數日，

花了很大代價，終於把外黃城攻破，彭越棄城而逃。

項羽進城後，對城裡老百姓主動幫助彭越守城的行為十分惱火，便下令將城中十五歲以上的男人全都綁起來，拘押在城東，打算全部活埋。

消息傳出後，老百姓驚恐萬分，就在這危急關頭，外黃城有位十三歲少年，為了救出即將被活埋的同胞百姓挺身而出，求見楚霸王。

只見少年冷靜沉著地回答道：「大王起兵滅秦，救民於水火之中，乃百姓之父母。我作為百姓中的一員，自然是您的孩子，孩子求見父母，不是人之常情嗎？」

「你這男娃，好大膽子，敢來見我！」項羽雙目圓睜，厲聲對少年大喝。

一向都喜歡聽奉承話的項羽聽了這話，隨即轉怒為喜，於是和氣地問少年……「找我有什麼事，你就直說。」

少年不慌不忙地說：「外黃城裡的老百姓，早就盼望大王來，但在彭越武力威逼下，只好聽他擺佈，無法開城迎接。現在終於歸順，本是好事一件，可是外面有人謠傳，大王要把城裡十五歲以上男子全都活埋，我以為您對百姓仁慈，是絕不會這樣做的，而且活埋百姓，只有壞處，毫無好處。因此，我請求大王張貼佈告闢謠，

以安定民心。」

脾氣暴躁的項羽聽到這裡，早已按捺不住，生氣地打斷少年的話，厲聲責問他：

「你倒說說，活埋這些刁民有什麼壞處？你要說得有道理，我就放了他們，否則連你也一起活埋！」

少年微笑著說：「大王是個明理人，古語說得好，得人心者得天下。要活埋這些手無寸鐵的百姓毫不費力，可是外黃城四周還有不少城池，那裡的人要是聽說大王活埋了已歸順的無辜百姓，誰還敢再開城門迎接您呢？他們只好選擇拚命地幫助劉邦守城，以求保存自己的性命。結果是大王四面樹敵，失去民心，對您只有壞處，毫無好處啊！」

這番話恰好擊中了項羽的要害，心想：「是啊！如果老百姓都站在劉邦那一邊來反對我，那我今後怎麼能取勝並奪得天下呢？」於是立即下令釋放了所有被拘押的男丁，並貼出安民告示，不再傷害百姓。

果然，其他地方的居民聽說這個好消息，紛紛大開城門，外黃城以東的十多座城池也全部不戰而降，歸屬楚軍。

項羽坑殺百姓的惡行不但損及個人威望和形象,也讓許多原本有意歸降的人民

轉而投靠對方勢力,原因只有一個,就是因為怕死。這樣一來,在無形之間,項羽

已經為自己增加了數不清的敵人,帶來更多難以應付的額外麻煩。

人會敬佩、親近那些具有良好德行的人,這是人類天性,也是自我保護的潛意

識使然,所以,我們若想要得到其他人的支持,就必須掌握做人做事的藝術,不能

太過嚴酷、不擇手段。

做人靠手腕,做事靠手段

如果你抱著誰都不得罪的想法,那麼,你可能就永遠也不會給大眾留下深刻的

印象。

——傑米・巴列特

藉機分辨身邊的忠臣和奸人

企業或組織的內部，下屬之間總是難免出現諸多的矛盾與紛爭。當這種情況出現，領導者一定要辨明局勢，見機行事分清是非。

戰國時期的楚莊王即位之初，有三年的時間不理政事，終日只是縱情享樂，甚至在國內貼出告示：「敢進諫者處以死刑」。儘管如此，大臣中仍然有人對楚莊王的行為表示擔憂。

有一天，大臣伍舉冒死請求觀見莊王，他先說明並不是進諫，而是請莊王猜謎。

他的謎語是：在城外的山崗上有一隻鳥，這隻鳥有三年的時間既不飛也不叫，請問大王這是個什麼鳥？

楚莊王回答：「此鳥三年不飛，但一飛沖天；三年不鳴，但一鳴驚人。你想說

的話我心中有數。」

可是，又過了幾個月，莊王依然故我，甚至變本加厲。這回大臣蘇從挺身而出，直言不諱地批評楚莊王。

楚莊王提醒他：「你應該看到寡人貼出的告示了吧？膽敢進諫的人將被處死。」

蘇從毫不猶豫地回答：「若大王能因此覺悟，臣就算死了也毫無怨言。」

自此以後，楚莊王突然不再縱情享樂，開始致力於政治革新。他首先對那些過去三年中圍繞在他身邊、與他一起吃喝玩樂的人予以處分，接著任命曾經冒死進諫的伍舉和蘇從為重要骨幹。

原來，楚莊王是一個很有謀略和才幹的領導者，並不是為了享樂而享樂，而是故作昏庸，利用這段時間暗中觀察臣子們，從中分辨出哪些是可用之才，哪些是無用之人。一旦著手進行改革，便一舉淘汰小人，革新國政，手法十分高明。

有些領導者，被身邊一群阿諛逢迎的小人包圍著，耳朵聽到的都是順耳的奉承話，對於敢於直言提意見的人卻敬而遠之，甚至進行打壓。如果這些領導者能夠借

鑑楚莊王的做法，相信必能辨明良莠，「一鳴驚人」地有所作為。

任何企業或組織的內部，下屬之間總是難免出現諸多的矛盾與紛爭。當這種情況出現的時候，領導者一定要辨明局勢，見機行事，分清是非。在這一點上，年僅十四歲的漢昭帝就已經做到了。

雄才大略的漢武帝臨死前，立八歲的劉弗陵為皇太子，並囑託大將軍霍光、金日磾、上宮桀三個大臣輔政。

武帝死後，劉弗陵即位，是為漢昭帝。在三個輔政大臣當中，金日磾死得最早，剩下的霍光、上官桀二人意見常常不一致，矛盾很深。

上官桀早年與昭帝的哥哥燕王劉旦的關係很好。昭帝繼位後，上官桀與劉旦仍然保持著私下的來往，並商量好時機一旦成熟，就推翻昭帝，立劉旦為帝。正因為如此，他們便把霍光當成陰謀篡權的最大障礙，處心積慮地打擊他。

一次，霍光外出檢閱御林軍，事後把一個校尉調到大將軍府裡來商議事情。上

官桀便抓住這件事大做文章，讓自己的親信模仿燕王劉旦的口氣和筆跡寫了一封信給皇帝，派心腹假扮燕王的使臣送進了宮裡。

十四歲的漢昭帝接到這封「燕王的來信」，打開一看，只見上面寫著：「據聞大將軍霍光外出檢閱御林軍，居然乘坐和皇上一樣的車子，又自作主張擅自調用校尉，可見他心有異志。我擔心他對皇上不利，願意奉還燕王的玉璽，到京城來保衛皇上。」

昭帝看了一遍又一遍，一句話不說只把這封信放在一旁。

第二天早朝，霍光聽說燕王上書告發他，心裡很害怕，在偏殿的畫室裡等待發落。漢昭帝臨朝時，不見霍光，便問：「大將軍為何未來？」

上官桀幸災樂禍地回答說：「大概是因為被燕王告發，不敢入朝。」

漢昭帝派人去請霍光，霍光見到昭帝，趕緊摘下帽子，伏在地上請罪。上官桀見霍光請罪，以為這是一個落井下石的好機會，想再添油加醋他說上幾句，藉機把霍光扳倒。

誰知，漢昭帝卻和顏悅色地對霍光說：「大將軍請戴上帽子，朕知道有人在陷

害你，你沒有罪。」

霍光聽了又是高興又是奇怪，恭恭敬敬地給皇帝磕了頭，問道：「不知陛下何以知道臣是一片忠心？」

漢昭帝說：「大將軍檢閱御林軍的地點離京城不遠，調用校尉也是最近的事，一共不到十天工夫。燕王遠在千里之外，怎麼會這麼快就能得到消息？即使知道了，馬上派人來上書，也來不及趕到這裡。再者，如果大將軍真要謀反，也用不著調一個校尉。我看，寫這封信的人才是別有用心。」

霍光和其餘大臣聽了，都很佩服這位少年皇帝的機敏心思。

漢昭帝講完這番話，便嚴厲下令捉拿製造和進呈假信的人。上官桀雖然事先做了防範，但是昭帝追問得很緊，深怕事情敗露，於是就多次出面阻撓說：「區區小事，不必認真追究。」

漢昭帝不僅沒有聽從，反而對他起了疑心。

後來，漢昭帝發現了上官桀和燕王劉旦的政變陰謀，派霍光將他們一網打盡。

上官桀父子及同謀大臣被殺，燕王劉旦等自殺，國家避免了一次內亂。

漢昭帝雖然年紀輕輕,卻能明辨忠奸、任用賢良,見機行事,不被一時的假象迷惑,他當政的那幾年,是西漢的「中興」時期。

做人靠手腕,做事靠手段

依據道德原則選擇「對」與「錯」,是相當容易的事。但是現實狀況常要求我們在既不是全「對」,也不是全「錯」的兩者之間做抉擇。

——普勒斯頓·湯利

以靜制動，別太衝動

在商業競爭中應用以靜制動、以逸待勞的思想，就是要選擇一個支點，站穩立場，不為他人所動，冷靜地實施自己的計劃。

想要在競爭日益激烈的商業社會中成為優秀的勝利者，一定要懂得以靜制動的道理，做事不能太衝動。機遇尚未降臨的時候，要有不屈不撓的勇氣，並且運用這段經歷鑽研致勝之道。

聰明的人總是思想敏捷、反應迅速，而糊塗的人給人的感覺卻總是呆板木訥、反應遲鈍。這種對比，就如同拿剛猛凌厲、大開大闔的南拳與遲緩凝重、輕柔陳澀的太極拳相比一樣。

事實上，聰明有聰明的弊端，糊塗有糊塗的好處。

在商業競爭中應用以靜制動、以逸待勞的思想,就是要選擇一個支點,站穩立場,不為他人所動,冷靜地實施自己的計劃。

第二次世界大戰後,隨著經濟的復甦,在法國,用機器製作的白麵包取代了戰時以馬鈴薯、大麥、蕎麥為原料製作的黑麵包。

但麵包商利翁內勒仍舊恪守祖訓,堅持用手磨麵粉,手工製作褐色麵包。這種麵包無論在外觀上還是在口味上,都較白麵包大為遜色,他的經營理所當然地開始走下坡路。有人譏諷利翁內勒不識時務,也有人勸他買機器、更換原料、製作白麵包,以適應市場的需要。

然而,利翁內勒依然故我。他從長期製作麵包的經歷中知道,機器製作的麵包固然有其優越性,但手工製作的褐色麵包營養豐富,式樣多變,可以按照顧客的不同要求任意加工製作。

他認為,褐色面包不僅有存在的價值,而且還大有銷售潛力。

隨著社會經濟的不斷發展,人們的生活也發生了很大變化。在食物方面,肉類、

奶類、蔬菜、水果不斷增加，麵包的用量逐漸減少，這時人們對千篇一律的機器製

麵包漸漸失去了興趣，對手工製作的褐色麵包備加欣賞。

尤其是環境污染日益嚴重，「回歸大自然」形成一股新浪潮，給利翁內勒的生

產注入了強大的活力。他的褐色麵包回應了消費者返璞歸真的期望和思古懷舊的情

感，銷路因此大增。

利翁內勒為了擴大生產，也引進了生產麵包的成套機械設備，但他仍繼續沿用

石磨麵粉、天然酵母、古老式樣的烤爐、傳統的生產工藝，甚至連包裝的容器仍舊

是十六世紀的那種柳條筐子。他的麵包房彷彿是一座古老的博物館，這一切都收到

了意想不到的效果。

一九六八年，有個法國人別出心裁，要訂購一套用麵包製作的家具，這對一貫

用機器製作的麵包商來說是無能為力的。但是，利翁內勒正好利用祖傳的技術，承

接這套麵包家具的製作。

他製成的麵包傢俱中有荷蘭式的書櫃、華麗的大床、舒適的沙發，還有精美的

畫框、小巧的鳥籠，件件都是藝術傑作，一切全都是用麵包製成的。後來，那只關

在鳥籠裡的翠鳥，因受不住麵包香味的誘惑，竟然將鳥籠啃穿，飛翔而去，更產生了極大的宣傳效果。

麵包家具在國外展出後，利翁內勒名聲大振，製作的褐色麵包成了一些國家元首和各類名人餐桌上的常客。

從此，利翁內勒被冠上「麵包大使」的美名。

在千變萬化的形勢之中，利翁內勒冷靜觀察周遭局勢，再從中找出一個變通之道，見機行事，而不是慌了手腳，胡亂隨眾人起舞，因此才造就了他日後的成功。

做人靠手腕，做事靠手段

蠢人的最大特徵是，他們常常相信，只要讓兩隻恐龍交配，同樣能夠生出一隻小羚羊。而且，這種蠢人在企業界特別多。

——湯姆・彼得斯

了解行為背後的真相

能夠戰勝身邊的小人，才能夠確保自身安全。如何與人相處，是擺在面前的首要課題。

在現實生活中，每個人總是無時無刻承受著來自各方面的威脅，這些絕大多數是隱性的，很難體察到的，而且多數來自於同僚。

有的同事對你的態度很親切，相處時總是有說有笑，你把他們當做自己最親近的人，把自己的所有情況，包括歡樂和悲傷，喜好和憎惡，甚至一些隱私都毫無保留地透露出來。

但是，這些人往往不會抱以真心，反而是藉此了解你，而後洞悉弱點所在，以此作為打垮你的利器，從而把你清除掉，達成真正目的。

所有的一切都是一個圈套，直到被他們打得狼狽不堪、地位全無，一直沉浸在美好情誼之中的你才會如夢初醒，悔不當初。

圍繞在周圍的人有很多，都表現得非常友善，肝膽相照，並且信誓旦旦要和你合作，共同創造一片新天地。面對這種情況，你也許會無所適從，因為無法確定哪一個是真的，哪一個是假的。

事實上，如果你真正地用心觀察體驗，真假還是很容易鑑別出來：

一、對方在傾聽你訴說的時候是報以真誠的同情和感慨，還是目光閃爍，有時出現若有所思的樣子呢？如果是後者，那麼對方很可能是一個居心叵測的小人，必須小心提防。

二、仔細地回想一下，當你想結束自己傾訴的時候，他是不是很巧妙地利用一些隱蔽性極強的問題重新打開你的話匣子呢？更糟的是，你隨後所說的內容又恰恰是容易被別人利用的東西。

三、如果你偶然得知，有人總是在不經意之中向親近的人打聽一些有關於你的

消息，那麼最好疏遠他們。

四、有些人的笑容並不是很自然，像是從臉皮上硬擠出來的。有時你覺得並沒有絲毫可笑的地方，對方卻能夠笑起來，這種人也要多加小心注意。

不要把心中的密告訴別人，如果有些事情覺得實在忍不住，不吐不快，那麼就儘量找一個自己親近的人訴說一番，比如父母、妻子，甚至孩子。這會緩解你心中的鬱結，減少情緒上的大起大落。

能夠戰勝身邊的小人，才能夠確保自身安全。

現代社會需要與人往來交流的時候越來越多，隨時都要面對各種人。如何與這些人相處，怎樣了解他們是何種性格的人，是擺在面前的首要課題。

例如，交換名片是彼此傳達身分的一種手段，但是有的人即使在非正式的場合中，也喜歡遞出名片，在小吃店偶然邂逅朋友、熟人，一定馬上拿出一張名片，甚至到酒吧喝酒時，都不忘給服務員一張名片。

為什麼動不動就拿出自己的名片？因為這些人在評價對方時，很容易受的工作、

職位或學歷等外在條件左右,由於這種心理的投射作用,也喜歡在名片印上自己喜歡的、認爲別人會因而另眼相看的各式頭銜。

當他們拿出名片交給對方時,便判斷對方一定也會把自己捧得高高在上。但是,事實上,並不是所有的人用頭銜來判斷一個人,有時候,這種舉動反而更容易讓別人發現潛藏於心的自卑感。

有人喜歡向同事問東問西,詢問的內容不外乎是與自己有關的事情或人。這是因爲無法適應自己的工作環境,如果眞有心要適應的話,必須使自己的價值觀和生活方式與環境協調,才能徹底安心。

當然,他們有志成爲團體的一員,但只是有這種想法,卻無法付諸實行。在心類較敏感的問題,他們就會感到強烈的不安。

有餘而力不足的情形下,理想和現實產生差距,從而造成了自卑感。只要一觸及這有志成爲團體的一員,但只是有這種想法,卻無法付諸實行。在心

有的人常喜歡毛遂自薦,即使明知根本無法勝任,也硬要推銷自己。有的人卻恰好相反,明明有個可以一展才華的機會,卻退縮遲疑。後者這種看似謙虛的美德,

實際上是源於害怕暴露自己的弱點，因此非常矛盾。

行事認真的人，也許辦事的速度不快，但不會敷衍了事、半途而廢，所以完成的工作定能博得他人信賴。

然而，有的人辦事不僅認真，甚至還吹毛求疵，這就有點矯枉過正了。辦事過於認真的人，從辦公室桌就可以看出，必定擺放得整齊規矩。

若有人在他不在時，順手借用他桌上的東西，即使過後再放回桌上，他也一眼就能看出曾被動過，會很不高興地表現出來。

這種行為，除了令周圍的人神經緊張外，也讓自己苦惱。

這些人很清楚自己過於認真的行為並不合乎常理，問題是根本無法改變自己，如果中止了這些行為，便會失去平衡。這種行為，是心理學上典型的「強迫觀念」，有這種特徵的人，常給別人一種神經質的印象。

在任何團體中，總有一兩個八面玲瓏的人，雖然表現方式各有不同。

這類人的典型行為，是能輕易地和陌生人打成一片，在同事聚會等活動中，往往是別人最常邀請的對象。對這點他們相當自豪，但很少想到，其實大多數的人只在無利害衝突的情形下，才會邀請自己。

造成此種行為的原因，是這些人始終沒有確立自我。由於他們對自己的存在價值不明確，亦即尚未確立自我信念，因此容易接受他人的想法、價值觀，但也因此給人左右逢源的印象。

站在這個角度觀察，這些人明朗快活的笑容背後，隱藏著一份悲哀，他們的內心相當孤獨寂寞。

做人靠手腕，做事靠手段

自我懷疑，就像是聯合敵人來對付自己一樣，注定會失敗，因為自己就是第一個相信自己會失敗的人。

——大仲馬

握手的動作也可以判斷性格

握手除了禮節之外，還象徵了其他意義，只要有心，就能夠迅速掌握對方的性格，並且靈活應對。

握手，是現代社會中人與人交往一種普遍的禮節，雖然只是簡單的一握，但其中有很大的學問，可以反映出一個人的很多資訊與性格特徵。

握手時的力量很大，甚至讓對方有疼痛的感覺，這種人多是逞強而又自負的。

但換個角度來看，這種握手的方式又說明了握手者的內心相當真誠熱情，性格也是坦率而又堅強的。

握手時顯得不甚積極主動，手臂呈彎曲狀態，並往自身貼近，這種人多是小心

謹慎、封閉保守者。

握手時只是輕輕的一接觸，握得不緊也沒有力量，這種人多屬於內向型，時常感覺悲觀、情緒低落。

握手時顯得遲疑，對方先伸出手以後，還要猶豫一會兒，才慢慢地把手遞過去的人，性格多半內向，且缺少判斷力，不夠果斷。

不把握手當成表示友好的一種方式，只把它看成是例行的公事，表示此種人做事草率，缺乏足夠的誠意，不值得深交。

一個人握著另外一個人的手，經過很長的時間還沒有收回，有時是一種測驗支配力的方法。如果其中一個人先把手抽出、收回，說明沒有另外一個人有耐力。誰能堅持到最後，誰贏得勝算的把握就更大一些。

與人接觸時，雖然把對方的手握得很緊，但只握一下就馬上拿開，這樣的人在

與人交往時能夠妥善地處理各種關係，與所有人都好像很友好。但這其實只是一種

外表的假象，內心裡他們是非常多疑的，不會輕易相信任何一個人，即使別人非常

真誠友好，他們也會加倍地提防、小心。

在握手時非常緊張，掌心有些潮濕的人，表面看來似乎很冷淡、漠然，非常平

靜，一副泰然自若的樣子，但內心卻非常的不平靜，只是懂得用各種方法，比如說

語言、姿勢等來掩飾自己內心的不安，避免暴露缺點和弱點。

他們看起來一副非常堅強的樣子，在他人眼裡，就是一個強人，碰到危難當頭

的時候，人們可能會因而視作救星，但實際上，他們自身也非常慌亂，甚至比別人

還要嚴重。

握手時顯得沒有一點力氣，好像只是為了應付一件不得不做的事情的人，大多

時候並不是十分堅強，甚至很軟弱。

他們做事缺乏果斷能力，以及俐落的幹勁和魄力，總是顯得猶豫不決。內心希

望自己能夠引起他人的注意,可是實際上,往往很快就被其他人忘記。

把別人的手推回去的人,大多都有較強的自我防禦心理,由於常常感到缺少安全感,所以時時刻刻都在做準備,在別人還沒有出擊但有這方面傾向之前,先給予有力的回擊,佔據主動位置。

他們不會輕易讓誰真正了解自己,因為如果被看透,會導致不安全感更加強烈。

之所以這樣,說穿了是由於自卑心理在作怪;他們不會去接近別人,也不允許別人輕易接近自己。

像虎頭鉗一樣緊握著對方的手的人,絕大多數時候都顯得冷淡、漠然,有時甚至顯得殘酷。

他們希望自己能夠征服別人、控制別人,但會巧妙地隱藏內心的真實想法,運用一些策略和技巧,在自然而然中達到目的。

用雙手和別人握手的人，大多是相當熱情的，有時甚至熱情過了頭，讓人覺得無法接受。

他們大多不習慣受到約束和限制，喜歡自由自在，按照自己的意願生活。他們有反傳統的叛逆性格，不太注重禮儀、社交等各方面的規矩，生性不拘小節，只要能說得過去就可以了。

這就是握手的有趣之處，除了禮節之外，還象徵了其他意義，只要有心，就能夠迅速掌握對方的性格，並且靈活應對。

做人靠手腕，做事靠手段

永遠不要解釋，你的朋友不需要解釋，至於你的敵人，不管你怎麼解釋，他也不會相信你。

——艾伯特・休巴德

07

為自己選擇，
一個最好的跳板

就像古時候封建貴族們擁有自己領地和城池一樣，
你也應該為自己好好地挑選一個有利的戰鬥位置，
才能據此「攻城掠地」。

腳踏雙船最安全

如果你同時與兩位上司共事,而這兩位上司之間情若冰炭,勢同水火,你就不得不考慮「腳踏兩條船」的技術性問題。

想要在既現實又複雜的職場叢林活下去,有時候要學會「腳踏兩條船」的本領。

說到「腳踏兩隻船」,很多人會皺著眉頭說,這豈不是騎牆派的做法嗎?跟用情不專的人有什麼兩樣?

其實,這是一種很大的誤解。

第一,職場不是情場,上司也不是你的愛人;腳踏兩條船只是適當地分散風險,而且在實際工作領域中,這是經常碰到的事。

第二,所謂的「腳踏兩條船」是指在晉升之途是窮凶極惡的,絕對不要逼自己

一直走在鋼絲上，否則可能遭到不測。

法國的奧塞多維亞先生是世界上聲名赫赫的走鋼絲的專家，但是最後卻從橫跨兩座山之間的鋼絲上摔下，跌落山谷而亡。

奧塞多維亞曾於一九九七年走過固定在長江三峽兩岸的一根鋼絲，也走過無數次世界著名高樓大廈上的鋼絲，可是他最終還是粉身碎骨了。

在人生旅途中，千萬不要學奧塞多維亞那樣，為了要展現藝高膽大，而一直將自己置於高度危險的環境。

我們不能死心塌地跟定一個上司。因為，在很多時候，上司之間的關係極為微妙，或者變幻莫測。

如果你同時與兩位上司共事，而這兩位上司之間情若冰炭，勢同水火，你就不得不考慮「腳踏兩條船」的技術性問題。

如果你不這樣未雨綢繆，而是選擇跟定其中某一人，一旦有什麼閃失，那麼另外一位就會藉機將箭頭瞄準你，置你於「死」地，而你效忠的對象則有可能將你當

成「擋箭牌」，任憑你白白犧牲。

但是，想要腳踏兩隻船必須踏得巧、踏得妙，否則極容易落水溺斃。

你不能赤裸裸地表明這樣的態度——你們兩個之間的事，我根本就不想捲入，哪個我都不想得罪。

擺明這種態度的話，他們兩個可能都不會對你有好感。

他們或許會認為你表面這樣說，實際上是和另一方暗中「勾結」，或許認為你就像寓言故事裡的蝙蝠一樣，是個騎牆觀望的投機傢伙。

結果，你就真變成了寓言裡的可憐的蝙蝠，兩邊都不要你，兩邊都不理睬你，有什麼機會或好處也輪不到你。

明智的辦法應該是，要盡量協調他們之間的矛盾，至少不要在他們中間搧風點火，擴大事態。

而且要經常和他們溝通，表示自己夾在中間處境十分為難。

如果甲上司叫你去做某事，你明知乙上司會反對，那麼你就應該主動跟乙上司談談，告訴他這是甲上司的意思，與他研究應該怎麼辦，有沒有不妥之處。在這種情況下，乙上司就很容易理解你的苦衷，即使你照甲上司的意思去做了，他也不會因此而忌恨你。

如果乙上司堅決不同意甲上司的意見和做法，那麼，他也不會把這個問題推給你，他會直接找甲上司交涉。

你只有這樣「乖巧」一點，才不至於成為雙方權力鬥爭的犧牲品，才有可能左右逢源，為自己鋪起一條金光大道。

做人靠手腕，做事靠手段

如果你不是偷保險箱裡的錢時被當場捉住，或是公開毀謗老闆，那麼，你可以在許多公司裡找到謀生的工作。

　　——加里·莫哈爾

接近深具潛力的上司

與其刻意巴結討好現在正春風得意、紅得發紫的上司，倒不如退而求其次，用心去接近具備創大業、做大事潛力的上司。

想要讓自己在升遷的道路走得平穩順暢，最基本的原則還要眼睛放亮點，細心觀察你目前的上司有沒有必備的領袖性格或領導人特質，能夠使他從激烈的人事競爭中殺出層層重圍。

所謂「路遙知馬力，日久見人心」，強調的就是患難時期最容易見真情，貧賤之交最難以讓人忘懷。

這層道理也可以運用在選擇追隨哪位上司。

如果你還年輕，有足夠的等待時間，那麼，就要懂得逆勢操作的奧妙，與其刻意巴結討好現在正春風得意、紅得發紫的上司，倒不如退而求其次，用心去接近現在並不走紅，甚至有些抑鬱不得志，但是具備創大業、做大事潛力的上司。

這是因為，他現在地位不高，向上晉升的態勢還不明顯，沒有眾星拱月的優越感，願意與他接近的人並不多。

如果此時你誠心誠意追隨他，他就會對你產生感激之情，產生知遇的好感，知道你並不是那種追腥逐臭、趨炎附勢的泛泛之輩。

如果有一天他的運勢否極泰來，突然飛黃騰達了，你就極有可能是他安排人事佈局時第一個考慮到的人。

屆時，你無須多費唇舌，更無須汲汲營營鑽逢，很快就會吉星高照，獲得上司提拔重用，還會跟他在以後的共事中更加親密無間。

儘管，此時他必然終日被那些忙著交心、獻媚的下屬和同僚纏得脫不了身，但是，你仍然可以「不戰而屈人之兵」，靠著先前的運籌帷幄而「決勝千里之外」，

戰勝那些臨時「抱佛腳」的人。

當然,那些急功近利、趨炎附勢、過於市儈的人,眼光不會看得那麼長遠,也

很難做到這一點。

正因為如此,你更必須具備高瞻遠矚的做人做事智慧,讓自己站得高一些,看

得遠一些,那麼,成就也會超越別人。

做人靠手腕,做事靠手段

假話是社會生活中不可缺少的,因為,把自己的一切都暴露無疑的人,其人際

關係,勢必置於險境。

——宮城音彌

設法讓同事對你又敬又畏

唯有讓你周遭的同事對你又敬又畏，你才能順利指揮他們，把他們當成向上躍昇的跳板。

一位長相清秀的年輕女警官到一個人才濟濟的警察局擔任督察，男警員們見了她，都面露鄙夷不屑的表情，而且有意無意地在言行之間吃她「豆腐」。

這位女警官初到陌生的警局，面對這些喜歡「揩油」的小人只能忍氣吞聲，不過，她很快就利用機會扳回劣勢。在一次射擊訓練中，她掌握契機展露精準的槍法，把那些男性同事們都「鎮」住了。

射擊訓練中，每個人依序各擊十個飄浮氣球，男性警官中成績最好的一位才擊中五個，有的甚至一槍未中。

輪到這位女警官射擊時，她泰然自若地從腰間拔槍，「叭，叭，叭……」連發

十槍，槍槍命中，頓時全場鴉雀無聲，只有氣球的碎片在眾人的面前飛舞。

這種景象正是「此時無聲勝有聲」。從此以後，大家都對她敬畏有加，不敢再

表現出輕薄造次的行徑。

很多人認為，當一個上班族或領導者只要有修養和內涵，就可以不注重如何表

現自己的才能。也有的人認為，只要踏踏實實地做事，老老實實做好自己的分內工

作就夠了。

殊不知，這種厚道的想法只會使別人將你看成無能的人。

心理學家告訴我們，在很多時候，位居領導地位的人，威信往往是經由「旁門

左道」而樹立起來的。

一個人初來乍到某個態勢不明的新地方，往往就是樹立自己威信，讓小人服服

貼貼的最關鍵時刻。

如果你能像故事中的女警官，適時露出幾手自己拿手的絕活，別人對你的觀感

和態度就會立即改變，很多難題也會迎刃而解。

記住，唯有讓你周遭的同事對你又敬又畏，你才能順利指揮、利用他們，把他們當成向上躍昇的跳板。

做人靠手腕，做事靠手段

當人們相信你之後，你說的事實才會成為事實，但如果他們不知道你在說什麼，他們就無法相信你。

——威廉‧伯恩巴克

踩著同事的肩膀往上爬

你能不能踏著同事的肩膀順利往上爬,全看你是否平常就牢牢掌握了同事的心,這會影響到他們願不願意在關鍵時刻支援你。

科學家牛頓曾經說:「如果我比笛卡爾看得遠,那是因為我站在巨人的肩膀上的緣故。」在一家公司或一個團體裡工作,想要順利獲得晉升,你也必須站在同事的肩膀上。

首先要瞭解自己目前所處的地位,還要處理好上司、部屬與同事這三者之間的人際關係,並想辦法牢牢掌握部屬和上司的心。最重要的是,你一定要摸清楚同事們的工作狀況和生活情形,瞭解他們的興趣和願望,和他們保持和諧的關係,才能借力使力,讓自己順著這條渠道,比他們更快獲得升遷。

在公司部門裡，特別是在晉升機會較少的部門，每當有職位出缺，就有許多競爭者為了晉升而勾心鬥角，擠得頭破血流，從來不會靜下心來思考如何利用同事，幫助自己達成夢想。

在職場工作，維持生活開銷和獲得成功的感覺，是上班族最終，也是最大的目的。因此，在不違背自己價值觀念、不使用權謀詐術的原則下，只要你能牢牢掌握同事的心，想要達成自己的目的，絕非困難之事。

如果你平時就能對同事表現寬大的胸懷，設法去瞭解他們的心思，盡力幫助他們達成目標，那麼，這些同事就會變成你最佳的墊腳石，升遷的時機一到，你就能捷足先登，踩著他們的肩膀往上往上跳，比其他人爬得更高更快。

在等待升遷的時候，為了要讓這種可能性更加篤定，平常你就必須讓周遭的同事公認你有資格成為他們的新上司。再說，要讓他們日後心甘情願為你效勞，也必須使他們對你的為人處事心服口服才行。

一般而言，人事單位在考慮是否由你晉升之前，會先徵詢其他同事的意見：「你

們認爲他適當嗎？」同事們所表達的意見，或許不會直接左右人事單位的決定，但

還是會被列入人事審核的重要參酌資料。

假使人事單位所得到的答案是：「要我在他手下做事，門都沒有！」那麼，即使

你最後還是晉升了，將來也無法順利地管理你的部屬。

你能不能踏著同事的肩膀順利往上爬，全看你是否平常就牢牢掌握了同事的心，

這會影響到他們願不願意在關鍵時刻支援你，至少不要扯你的後腿。因此，想要出

人頭地的上班族，平常就要努力做好同事之間的人際關係，千萬不可疏忽。

做人靠手腕，做事靠手段

我們可以知道一個簡單的道理，那些膽敢在貓的耳朵產子的老鼠，一定詭計多

端的鼠輩。

——約‧海伍德

為自己選擇一個最好的跳板

就像古時候封建貴族們擁有自己領地和城池一樣，你也應該為自己好好地挑選一個有利的戰鬥位置，才能據此「攻城掠地」。

如果你擁有比別人更加出色的才幹，常常協助別人解決難題，而且在公司擁有和諧的人際關係，你就掌握了許多可供使用的籌碼，一旦你需要幫助的時候，隨時都可以轉換成助力。

只要你不輕易浪費籌碼，久而久之，這些籌碼就會累積成一大筆無形的財產，為自己鋪設一條平步青雲的晉升之路。

當你擁有了別人所欠缺的助力，接著就可以根據自己的專長，擬定日後的升遷

目標,想辦法讓自己躋身最有利的位置。

你不妨思索:「在公司裡,最有利的職位是什麼?最不利的職位又是什麼?我要朝哪個方向前進,才能快速躋身權力中樞?」

你必須先確認自己擁有什麼樣的專長與希望獲得哪個重要的職位,然後把這個職位當成自己的跳板。

就像古時候封建貴族們擁有自己領地和城池一樣,你也應該為自己好好地挑選一個有利的戰鬥位置,才能據此「攻城掠地」。

也許你會問:「難道別人就不會運用手腕嗎?」

不錯,很多人都同樣處心積慮地在圖謀籌劃自己的未來,想要爬到最有利的地位,握有最大的實權。

但是,你不必擔心也不用介意,因為,整天漫無目的地過日子,毫無奮鬥目標的仍然大有人在。

有些人外表像老虎般威武勇猛,似乎行事相當敏捷、果斷,實際上卻是唯唯諾諾

諾的好好先生，軟弱得近於羔羊。

這樣的競爭對手根本不堪一擊。

有的人雖然頭腦聰明，足以成為你競爭上的勁敵，但是，這些人往往恃才傲物，缺乏耐心、毅力。

因此，這樣的人根本也成不了氣候，你只要能善用做人做事的巧妙手腕，成功最後必然屬於你。

做人靠手腕，做事靠手段

有許多真話，需要有人去講，可是始終沒人敢講；有許多真相，需要有人去揭露，卻始終沒人敢去揭露。

——塞繆爾‧巴特勒

小心成為被封殺的對象

一旦你攻擊他人的痛處,修養好的人雖不至於當場發作,但心中的疙瘩和怨恨往往難以抹平,你就會變成被「封殺」的對象。

一個人若想和上司、同事間建立良好的人際關係,一定要記住:保持適當距離,做事公私分明,尤其要注意不要踩到別人的痛處。

被擊中痛處,對任何人來說都是件不愉快的事。因此,不管在什麼情況下,千萬都不要去碰觸別人的痛處,這點不但是待人處事應有的禮儀,更是在職場叢林中左右逢源的關鍵。

有修養的人即使在盛怒之下,也不會擴散憤怒的波紋,但是涵養不夠的人,被

激怒了，往往就會面露兇貌、口出惡言，甚至隨手拿起手邊的東西往地上摔。

某些沒有修養的人暴跳如雷的時候，還會口不擇言，用侮辱性的語言攻擊別人最敏感的隱私。

一旦你攻擊他人的痛處，修養好的人雖不至於當場發作，與你破口對罵，但心中的疙瘩和怨恨往往難以抹平，如果不幸他是你的上司或客戶的話，你就會變成被「封殺」的對象。

在公司裡，「封殺」意味著調職、冷凍、開除。

如果你是公司負責人，那麼，所謂的「封殺」就代表著對方拒絕繼續與你往來，或是「凍結關係」。

中國古代有所謂「逆鱗」的說法，強調即使面對再溫馴的蛟龍，也不可掉以輕心，肆意地欺弄牠。

傳說中，龍的咽喉下方約一尺的部位，長著幾片「逆鱗」，全身只有這個部位是逆向生長的，萬一不小心觸摸到這些逆鱗，必定會被暴怒的龍吞噬。

至於其他部位任，不論你如何撫摸或敲打都沒關係，只有這幾片逆鱗，無論如何也觸摸不得，即使輕摸一下也犯了大忌。

其實，每個人人身上也都有幾片「逆鱗」存在，即使是人格高尚偉大的人也不例外，只是彼此的位置不一樣罷了。

惟有小心觀察，不觸及對方的「逆鱗」，也就是我們所說的「痛處」，才能保持圓融的人際關係。

做人靠手腕，做事靠手段

無形的東西：信心和態度，才是成功的決定性因素，因此，你必須先學會控制這些東西。

——赫伯．凱萊爾

別帶著有色眼鏡看人性

人性其實很簡單，你付出什麼，就會得到什麼。將「人性」複雜化，或貼上負面標籤，只會讓你得出負面的分析結果。

有許多身居高位的大人物，會細心記住一些小職員或只見過一兩次面的下屬的名字，在電梯或門口碰到時，從容叫出他們的名字。如果你也肯下這樣的功夫，一定會讓下屬受寵若驚。

人非草木，孰能無情。大部分人都講究人情味，喜歡「將心比心」，因此，你想要別人怎樣對待你自己，你自己就得先怎樣對待別人。這也就是「同理心」或「易位思考」，即設身處地為別人著想。

在經營自己的辦公室人際網路時，千萬要記得只有先付出誠摯的真情，才會獲

得投桃報李的回應。

日本著名的企業家松下幸之助就是一個相當注重感情投資的人。他曾說過：「最失敗的領導人，就是那種員工一看到你，就像魚一樣逃開的領導。」

創業早期，松下幸之助每次看見辛勤工作的員工，都會親身送上一杯自己泡的茶，充滿感激地對他說：「太感謝你了，你辛苦了，請喝杯茶水吧！」

正因為松下幸之助不忘記表達對下屬的感激和關懷，因而獲得了員工們一致擁戴，每個人都心甘情願地為他效力，設身處地為他著想。

人性其實很簡單，你付出什麼，就會得到什麼。將「人性」複雜化，或貼上負面標籤，或者戴著有色的眼鏡去看「人性」，只會讓你得出負面的分析結果，替自己的工作和生活帶來一些不良影響。

不管現今的社會如何現實，有時候，誠懇親切地對待同事或下屬，仍然可以輕而易舉地解決你長期以來都感到棘手的問題。

譬如，你以命令的語氣要員工去做某件分外的事情，他或許會找各種理由推託，

或者婉轉地要你找別人做，甚至「大義凜然」地以這不是自己分內工作而拒絕，讓

你當場難堪不已。但是，如果你誠懇地說一聲：「請你幫個忙，好嗎？」問題就有

可能迎刃而解。

誠懇親切的態度會傳達出人類與生俱來的，或許是潛意識裡面的認同感。因為，

那是一種彼此珍視的共鳴，或者說，那是對「人性」──人不同於其他物種的特性

的一種呼喚。

做人靠手腕，做事靠手段

求職的時候，面對老闆，你必須去刺激他、說服他，而且要吹噓一番，不然，

你就沒機會了，相信我。

──吉伯特

利用「共通點」拉近彼此的距離

只要找到正確的切入點，就算是完全陌生的兩個人，也會因為這個小小的共通點而更加親近，獲得支援。

有位名叫哥德思的年輕人，創辦了一份婦女雜誌，但是，只要是稍有名氣的作家，都不願意幫這本小雜誌撰寫文章。

其中，有位著名的作家，亞爾考德女士，她的作品在當時非常受到歡迎。

但是，不久之後，這位女作家卻和哥德思成了莫逆之交。

很多人都問哥德思，究竟是用什麼方法爭取到亞爾考德女士的支持？

原來，哥德思經過調查後得知，這位女作家非常熱心於慈善事業，於是他就從參與慈善事裡著手，慢慢地與她建立交情。

不久，哥德思邀她寫文章，為表示誠意，還以一百美元捐贈換取一篇文章，以贊助她的慈善事業。

其實，哥德思只是把稿費的名稱換了一下，但這個贊助慈善工作的名義，不僅讓亞爾考德女士感到十分親切，也慢慢對哥德思和他的雜誌產生了好感。

哥德思的雜誌因為有了亞爾考德女士的支持，終於漸漸地打出了知名度。

另外，紐約有位頗負盛名的編輯，名叫肯敏思，也因為懂得運用彼此的「共同點」而獲得自己想要的工作。

在十八歲那年，他來到了紐約，希望在這裡找到他夢想中的編輯工作。但是，想在這個競爭激烈的大都市裡找到一份工作，其實並不是件容易的事。

在履歷上，肯敏思唯一的專長，便是印刷廠裡的排字工作。

不過，他知道《紐約新聞》的現任老闆格里萊，小時候也和自己一樣有著相同的經歷，因此他自信地料定，格里萊會因為這一點而錄用他的。

沒想到，真的被肯敏思料中，他果然被錄取了。

格里萊從肯敏思的身上看到了過去的自己,使他對肯敏思產生了同情,甚至有了扶持相助的心理,當然,這正是肯敏思希望得到的。

人與人之間要拉近距離,真的需要花點心思,不管是從相同的學經歷來親近,還是以投其所好的方式拉近距離,在人際關係的經營上,本來就需要花費許多心思,才能從中獲得更多的協助和機會。

只要找到正確的切入點,就算是完全陌生的兩個人,也會因為這個小小的共通點而更加親近,獲得支援。

做人靠手腕,做事靠手段

不懂得動腦的人,就好像在下雨的夜晚,開著沒有雨刷的車在高速公路上行駛一樣,隨時可能遭遇不測。

——亞歷山大·希亞姆

落井下石，害人更害己

平日千萬不可做落井下石的事，這不僅僅是為他人保留顏面，更是為自己日後發展的順遂著想。

人落魄時，最需要的是理解和幫助，若是對方與你沒有積怨舊恨，即使不幫助他，也應理解他，大可不必落井下石。

打落水狗，可得小心對方狗急跳牆，反咬你一口。所以，看到他人落難，就算你不打算向對方伸出援助之手，也不應該跟著別人一起落井下石，免得日後為自己惹來更大麻煩。

娟娟是一家雜誌社的攝影，由於曾在美國待過一段時間，行事有些洋派，在作

風保守的雜誌社裡,顯得格格不入。

她的個性較散漫,又常做錯事,總編輯早就看她不順眼,只因她是老闆朋友的女兒,所以只好睜一隻眼、閉一隻眼。

有一天,為了一些照片,總編輯和娟娟起了衝突,眾人見戰火引燃,紛紛過去圍觀。娟娟還要力爭,眾人你一言我一語地加入戰場,她一舌難敵眾口,狼狽而逃。

在這之後,眾人更不約而同地聯合起來打擊她,挑她照片的毛病,批評她偶爾的遲到早退。後來,她被迫辭職了。

在職場上,這就是最標準的落井下石,對失勢的人,或遭遇困境及外來攻擊的人,再加以嚴厲打擊。

別小看落井下石的傷害,人家本來已經夠慘了,你還要跟著給予打擊,豈不是最標準的雪上加霜!

當然,一個人「落井」後還遭「下石」,背後必定有原因,例如平常不懂和別人相處,鋒芒太露,引人嫉妒,妨礙了別人的利益等等。凡此種種,都會使人產生

「除之而後快」的心理。所以，會不會遭遇落井下石，與個人在團體中扮演的角色、做人成敗，關係極大。

每個人的價值觀都不一樣，行事原則也不見得能讓所有人滿意，難保不會有受挫、落魄、被打擊的時候。平日千萬不可做落井下石的事，這不僅僅是為他人保留顏面，更是為日後發展的順遂著想。

見到他人遇難，不向對方伸出援助之手，反而還落井下石、雪上加霜，這種做法只能逞一時之快，從長遠角度來看，實在佔不了多大便宜。

有心改善人際關係的人，千萬要控制好自己的行為，明哲保身，別做出陷害打擊人的事。

以柔克剛，
才不會兩敗俱傷

以剛克剛，容易落得兩敗俱傷，

面對剛烈之人，更應以己之長克其之短，

而不是硬碰硬，推向玉石俱焚的危險態勢。

懂得低調，才是明哲保身之道

炫耀容易招人嫉妒，反之，讓人以為沒有好處可圖、沒有令人羨慕之處，才是明哲保身的生活智慧。

俗話說得好：「錢財一露白，危險跟著來」。

在現實社會中總是有這樣的人，一心想著不勞而獲，只要看到別人身上的名貴衣飾，或是豪華的房子車子，便心起歹念，想要用各種不正當的手段據為己有。

面對這樣的手段，該如何應對？以下是陳平見機行事的應變智慧。

陳平，漢初陽武人，是漢朝著名的謀士，少時家境貧寒，日子過得很苦，可是因為聰明機智，腦筋靈活，善於謀略，所以很快就出人頭地。

有一天，陳平穿了一套新衣服，腰上佩著一把寶劍，出遠門去幫人家辦事。走到半路上，碰到了一條大河，河上又沒有橋，只得坐船過去。

好不容易找到一艘船，船上坐著幾個人，一個個十分慓悍，目露兇光，以異樣的眼光打量著他。陳平心頭一愣，但抬頭一看天，太陽就要偏西，再晚可能就趕不到目的地了，只好硬著頭皮坐上這艘船。

陳平在船尾找了一個乾淨的地方坐下，這時，坐在船上的幾個人竊竊私語，對著他指指點點，其中有一個站起身就要往陳平這邊走來，卻被身邊其他人拉住，於是便怏怏地又坐了下去。

河面很寬，船夫又故意把船划得很慢，陳平看到這種形勢，心中大喊不妙，暗想：「他們看到我衣著華麗，還配著一把漂亮的寶劍，一定誤以為我是貴族子弟，身上帶有很多的銀子，所以想打劫我。」

坐在船尾的他馬上扯開嗓子叫著：「哎呀！好熱喲！」同時當著所有人的面，把身上的衣服一件件脫下來放在船板上。

船夫和船上其他的人看他放下衣服時，並沒有發出錢幣的聲音，知道身上沒有

半點值錢的東西，便打消了搶劫的壞主意。

發現沒有油水可撈之後，船夫加快了划船的速度，其他的人也對他失去了興趣，

扭過頭去談論自己的事情。

船很快到岸，陳平道過謝後，拾起衣服，便頭也不回快步往岸上走，心裡暗自

慶幸，今天總算躲過了一劫！

知道沒有什麼油水可撈，一般的盜賊就會放棄了打劫的念頭，畢竟，做壞事也

是要承擔風險的，為了極低的利益鋌而走險，是傻瓜才做的事。

錢財不露白是一種「低調」，做人只要懂得低調，便不至於樹大招風，惹來無

盡的麻煩。假如你喜歡搞排場、搞派頭，出手闊綽大方，這跟在頭上插著草標、希

望人家來圖謀你的財產有什麼不同？

又假如你位居高職，掌管著重大的單位，每天與名流交際應酬，並喜歡將這些

事拿來自誇，那麼那些想要圖好處、攀關係的人，怎麼可能不來阿諛你？那些見不

得人好的心胸狹窄之輩，又怎麼可能不來算計你呢？

炫耀容易招人嫉妒，反之，讓人以為沒有好處可圖、沒有令人羨慕之處，才是明哲保身的生活智慧。

唯有維持低調平凡的作風，不使自己的鋒芒過分外露，才能讓那些貪心的豺狼對我們不感興趣，守護住自己的身家與幸福。

做人靠手腕，做事靠手段

你去爭辯問題、抗拒問題，可能會耗更多時間與精力，倒不如採取積極態度去解決問題。一旦把問題解決，你會很興奮滿足。

——李奧・貝納

以柔克剛,才不會兩敗俱傷

以剛克剛,容易落得兩敗俱傷,面對剛烈之人,更應以己之長克其之短,而不是硬碰硬,推向玉石俱焚的危險態勢。

在社交或談判場合中,不需要太多刻意的言行表現,有時候氣定神閒、默默無言,反而會使對方摸不著頭緒,認為你高深莫測而不敢造次,老子所說的「大辯不言」,正是這個道理。

畢竟,以剛克剛,容易兩敗俱傷;以柔克剛,才是真正的技高一籌。

三國時代,諸葛亮最為後人稱道的謀略,正是空城計。

當時,城中只有數百名老弱殘兵,諸葛亮只好施展心理戰術,將城門敞開,然

後帶兩名童子在城頭撫琴，司馬懿率領了十萬眾兵殺至城下，猛然看見諸葛亮神情自然，談笑風生。

如此怡然自得的模樣，令生性多疑的司馬懿心中不安，狐疑多時，最後選擇退避三舍，不敢貿然進攻。

就這樣，諸葛亮不費一兵一卒，以計謀嚇退了司馬懿的十萬大軍，等到司馬懿察覺上當，已經失去最佳的攻城時機，諸葛亮的援兵業已馳回。

如果，當時諸葛亮選擇了硬碰硬，勢必會城破人亡，性命難保。

凡事冷靜處理，只要面對問題時，表現得愈自在愈不在乎，反而容易給人老謀深算的神秘感，為自己爭取更多時間和空間！

利用人們容易多疑猜忌的特性，來擾亂他人的判斷力，最能達到自己預期目標，因為表面上，自己看似沒有積極地採取行動，實際上卻使得對方在心理層面具有了一定的約束力。

所謂「四兩撥千斤」，便是一種以柔克剛的原理。

剛烈之人容易被柔和之人征服、利用，所以領導者應當更善於以柔克剛，就像一塊巨石，如果落在一堆棉花上，便會被棉花輕輕鬆鬆地包覆在裡面。

在剛強與柔軟之間，多數人仍然是吃軟不吃硬的。

所以，以剛克剛，容易落得兩敗俱傷，以柔克剛，則較容易馬到成功。

換個角度，面對剛烈之人，更應以己之長克其之短，而不是硬碰硬，造成雙方同時失去理智，推向玉石俱焚的危險態勢。

做人靠手腕，做事靠手段

對於有幸進入充滿競爭力公司的人來說，那競爭慘烈的時期卻是最興奮、最值得、最滿足的時光。

——威廉·道菲奈

保持不亢不卑的應對

只要我們能掌握戰勝困難的關鍵，知道什麼時候會有困難，看得見其中問題，
便能採取正面的辦法戰勝它。

不管在哪個年代，喜歡趁機敲詐勒索的人都會有一套堂而皇之的說詞，我們必須找出他們話語中的陷阱，然後緊捉住他們的缺漏，令他們無法自圓其說，如此才是積極的應對之道。

此外，如果你身為部屬，即使面對無法解決的困難，只要道理站得住腳，保持不亢不卑的應對，便沒有人可以為難你。

有一回，晉楚兩國大戰，晉軍大敗，知罃被俘。

要讓你回去，你回去之後應該要報答我的恩情吧？」

楚王又問：「你這番話我覺得有點不對，你說這是兩國之間大事，但明明是我

國既然和好，也各自後悔當初不應該開戰，雙方互釋戰囚以表達善意，這樣的結果與私人無關，你認為我該感激誰呢？」

知罃回道：「兩國都是為了國家利益打算，為了使百姓安心度日，現在晉楚二

激我的恩德嗎？」

楚王聽了這番話很是滿意，連忙又問知罃：「既然如此，那麼，以後你將會感

願意讓我回晉國，這是大王的恩惠，我怎麼還會怨恨你呢？」

知罃回答：「兩國交戰，因為我沒有才能，才淪為俘虜，大王沒有把我殺死，

於是，滿面和氣地問他：「你怨恨我嗎？」

知罃在回晉國前，楚王對他的才能非常清楚，也相信知罃將來定能立下大業，

帶著一死一傷回到晉國之後，晉國預備用他們來換回知罃。

襄老，也捉住了受傷的楚公子谷臣。

當時，知罃的父親荀首為下軍大夫，率領兵團奮力作戰，射死了楚國大夫連尹

知鶯說：「我對你沒有怨恨，也沒有承受你的恩情，既然無怨無德，我不知道應該怎麼報答。」

楚王苦笑著說：「什麼意思？」

知鶯說道：「倘若輪到我帶領軍隊保衛邊疆，碰上楚國的將帥入侵，我會不惜犧牲地去拼殺，沒有二心，以此來盡我身為人臣的職責。」

楚王從知鶯口中得不到什麼答案，卻又無法反駁知鶯的每一句話，只好送知鶯回去，還嘆口氣說：「晉未可與之爭。」

知鶯在與楚王進行對答時，人還在楚王手中，然而，他卻並沒有因此而卑躬屈膝，強顏奉承。

面對楚王厚顏無恥的索要人情，知鶯以不亢不卑的態度面對，令楚王對他無計可施，確實是位膽識過人的奇才。

其實，人生原本就存在了許多困難，只要我們能掌握戰勝困難的關鍵，知道什麼時候會有困難，看得見其中問題，便能採取正面的辦法戰勝它。

面對人生的各項競爭，是否具備聰明才智，往往是決定勝負的關鍵。

在爾虞我詐的現實環境中，做人做事必須根據局勢變化，採取不同的應對策略，

不管前進後退，都進行一番客觀評估，如此才能獲得最後勝利。

做人靠手腕，做事靠手段

只要比賽是在我們的球場，用我們的規則、用我們的球、配合我們的水準來進

行，我們就會表現得很傑出。

——馬汀・史塔爾

保持警戒就不會鬆懈

在事情未見成功之前，不能輕易放棄與鬆懈，畢竟，商場上雙方隨時都有可能交手，保持一定的警戒和實力是絕對有必要的。

活在商業社會，誰都免不了和別人打交道，無論是交涉、交易，或是涉及權益的談判，常常考驗著我們的應變能力。

想從這些交鋒中獲得勝利，有時不得不耍些手段，讓結局有利於自己。

一般來說，手段越多，越容易獲得自己想要的結果。

日本某公司與美國某公司進行一次技術合作談判，談判開始時，美方首席代表便拿著各種資料，滔滔不絕地發表公司的意見，完全不顧日本公司代表的反應，而

日本公司的代表則一言不發，只顧著埋頭做著筆記。

當美方代表講了一兩個小時之後，向日本公司代表徵詢意見時，日本公司代表卻顯得不知所措，重複著「我們不清楚」、「請給我們一些時間，回去準備一下」之類的話。

雙方的第一次談判，竟在這樣不明不白的情況下結束。

幾個月之後，雙方又開始第二次談判，美方公司的代表捲土重來，而日本公司則以談判不力為由而另派代表團，但是一切過程和上次談判一樣，日本人顯得在這次談判中準備不足。

美國公司的老闆大為惱火，認為日本人在這個案子上根本沒有誠意，於是就下了最後通牒，如果第三次談判日本公司仍然如此，那麼兩公司的協定便得取消。

而後，美國公司解散了談判團，封閉所有的技術資料，以逸待勞，等半年之後雙方的最後一次談判。

沒想到，幾天之後，日本公司竟然主動派出龐大的談判團，不請自來，直飛美國要求談判，美國公司在驚愕中倉促上陣，匆忙召集原來的談判團成員進行談判。

這次談判中，日本代表不但掌握了先前談判中美方代表的技術資料，而且詳細說明了相關的資料，最後拿出雙方協定的草樣，要求立即進行雙方公司的合作。

美方代表一下不知所措，因為自解散之後根本沒有進行過磋商和分析，放鬆戒心的情況下，美國代表陷入了被動挨打的地位，日本代表卻得勢不饒人，硬是要美國人按日本人的設想在協定上簽了字。

當協定發生效力時，美國人才發現自己這一方根本就受到了對方的欺騙，雙方獲利不均，但也為時已晚。

商場上，商人間的攻防兵法和訛詐伎倆一再上演，為了自身利益，就必須活用各種戰術，即使要裝傻也無妨，因為一切只許成功不許失敗。

我們從日本人和美國人的交涉過程中可以得知，商戰上既聯合又競爭的對手會如何表現自己，確實很難預料。

從中，我們還能得到一個啟發，無論如何，在事情未見成功之前，不能輕易放棄與鬆懈，畢竟，商場上雙方隨時都有可能交手，保持一定的警戒和實力是絕對有

必要的。

做人靠手腕,做事靠手段

現在,每一項競爭都會變成全球戰爭,輸贏都取決於速度及對改變的反應能力等因素。每個人都要因應要求更高、更激烈的競爭要求。

——凱‧林歐斯特

想成大器，就不要用情緒處理問題

想成大器，切莫用情緒來處理小事或紛爭，要能忍人所不能忍，輕鬆地處理一些繁瑣小事，讓重要的大事能早一步得見成功！

有位人性作家曾經這麼說：「就算面對自己再如何討厭的人，也不要將你對他的討厭寫在臉上。」

因為，一個讓討厭的人，也許有朝一日會成為幫助你度過難關的「貴人」，又何必急於將這個「潛在貴人」推出門外呢？

想成大器，就不能用情緒處理問題。

所謂「小不忍則亂大謀」，面對不在人生計劃中的屈辱、挫折、失敗，如果不能克制住一時的衝動，很容易會讓自己做出後悔的事。

因為無法克制情緒,而讓突如其來的小事而打亂自己的人生節奏,使得整個佈局大亂,無疑是件不智的舉動。

中國名將韓信是位家喻戶曉的人物,能讓他稱雄一時的原因,其實在他還未成名之前,便可窺見一二。

韓信某天正在街上行走,忽然,眼前出現了三四個地痞流氓,一副趾高氣揚的模樣,還用斜睨的眼神看著韓信。

韓信先是一驚,隨即拱手道:「各位兄台,不知有什麼指教嗎?」

其中一位撇著嘴,大笑幾聲後說道:「我們哥兒們是有點事要找你,只是不知道你辦不辦得到?」

韓信平靜地說:「蒙各位抬愛,不知道是什麼事呢?」

看見韓信如此必恭必敬,那些人全部大笑起來,帶頭的那人說:「什麼抬不抬愛?不為什麼,我們聽說你成天背著寶劍在街上閒晃,今天我們特地來見識見識,看你到底有多大的能耐?」

韓信一聽，心想：「看來是故意要為難我的囉！」

他陪著笑說：「各位，我想是有人信口誤傳，我哪裡有什麼能耐，又怎能與你們幾位英雄相提並論呢？」

那群人輕蔑地望著韓信，突然，帶頭的人將劍了抽出來，往韓信的面前一扔說：「看你還算老實，今天我們不動手，你要是有膽識的話，就用這把劍來砍我的腦袋，要不然嘛……你就乖乖地從我的胯下鑽過去，哈哈哈……」

韓信望望地上的劍，又看了看前面仰頭而立的地痞頭頭，輕輕地皺了皺眉，而在旁邊圍觀的人這時也開始議論紛紛，還鼓譟喊叫著……「韓信，快用那把劍宰了這個狂妄的傢伙。」

然而，韓信卻咬了咬牙，緩緩彎身下去，接著便出乎眾人意料之外，從那人的胯下爬了過去。眾人看見這個景象，無不驚愕，連那群流氓也吃驚不已，而韓信爬完後，便立即起身，拍一拍身上的塵土，便頭也不回地離開了。

俗語說得好，大丈夫能屈能伸。

試想當時，如果韓信當時火冒三丈，並趁著怒氣殺死了那個流氓，接下來必定
會有一場惡戰，勝負難以預料。就算韓信能夠全身而退，也難逃殺人罪名，勢必得
面對官府的緝捕！

在鬥毆這種小事上獲得勝利，只會替韓信惹來其他對立或仇恨的災禍，這種表
面上的勝利又有什麼意義？

所以，一個人若想成大器，切莫用情緒來處理小事或一些無謂的紛爭，要能忍
人所不能忍者，能如此，便能輕鬆地處理一些繁瑣小事，讓重要的大事能早一步得
見成功！

做人靠手腕，做事靠手段

美國人想知道什麼，就會打電話去問，而歐洲人會寫一張便條。美國的主管想
要傳達的是競爭非常嚴峻。

——凱·林歐斯特

學會低頭才不會撞得滿頭包

儘管曲意求寵的故事負面，然而其中追求成功的「堅定意志」和想盡辦法要獲得寵信的積極態度，其實我們是可以拿來運用的。

人人都想飛黃騰達，但是，現實社會中為什麼有的人成功，有的人卻失敗呢？

其實，有時候成敗的關鍵在於是否找對人、用對方法，只要我們能學會「怎樣向關鍵人物低頭」，丟開華而不實的面子問題，懂得退一步進三步的技巧，成功便在我們的手掌之間。

一天，唐玄宗著人召節度使安祿山來宮，此時楊貴妃和韓國夫人、虢國夫人、秦國夫人也都在場。

安祿山趨步上前對楊貴妃：「兒臣……臣，安祿山拜見貴妃娘娘！」

唐玄宗看了這等模樣，大笑說：「無意吐真言，那麼朕就成全你的心願，讓你拜貴妃為親娘吧！」

安祿山受寵若驚，跪在貴妃前說：「孩兒，安祿山祝母妃福體萬壽！」

不久，安祿山生日，唐玄宗和貴妃以乾爹娘的身份，特意為他準備了一份豐厚的生日禮物，第三天，安祿山進宮謝恩，先見唐玄宗之後便去叩見母妃楊娘娘。安祿山來到楊貴妃宮中，見楊貴妃正微酣半醉之中，便上前跪拜說：「孩兒祿山謝母妃娘娘大恩。」

楊貴妃只聽得「孩兒」、「母妃」的稱呼，再看了看這位大腹便便的北方漢子跪拜的窘態，實在忍不住笑了，便有意戲弄他一番，對他說道：「祿兒，人家養了孩子，按照規矩三朝就得洗兒，今日正好是你出生後的第三天，娘娘我今天要按規矩補行洗兒禮。」

她乘著酒興，喚來內監和宮女，令他們將安祿山的外衣脫下，象徵性地往他身上澆灑幾點水，然後用貴妃的錦繡床單作大襁褓，將安祿山全身包裹住，然後命人

把他放在彩車上。

安祿山也裝出孩兒的哭聲，逗得後宮一片喧笑聲。唐玄宗聽到熱鬧聲，也跑來湊熱鬧。這場戲直鬧到深夜，楊貴妃與唐玄宗興致用盡為止。

安祿山有時陪楊貴妃同桌歡飲，如果太晚了，楊貴妃還會安排他在宮中宿寢，不久宮中便有人議論他們的關係。

但唐玄宗對此卻不介意，反而覺得自從安祿山來後宮，沉悶的宮闈也比往常活躍多了，貴妃也笑得更美更甜了，自己倒感到樂在其中，根本沒有去想貴妃與安祿山之間有什麼曖昧之事。

當然，這個老孩兒的官運，更是從此一路暢行無礙。

安祿山這樣的迎合當然醜陋，然而我們卻又不能不承認，姿態雖醜，但他終究獲得他所想要的，正因為如此，歷史上的奸臣繁多，他們的大名總是比忠貞之人更讓人印象深刻，他們的事蹟你我更是熟知，不是嗎？

之所以如此，是因為他們比一般人有著更明確的目標和更靈活的身段，無論如

何都要讓自己飛黃騰達。

儘管安祿山曲意求寵的故事負面,然而其中追求成功的「堅定意志」和想盡辦法要獲得寵信的積極態度,其實我們是可以拿來運用的。

我們當然不必模仿他的人生路,只須順著自己的心性發展,學習怎樣在必要的時候向重要人物低頭。

丟開面子的問題,學會退一步進三步的技巧,成功便在我們的手掌之間。

做人靠手腕,做事靠手段

可以這麼說,幾乎每個奉承者的生存,都是以犧牲被奉承者為代價。

——法國作家拉封丹

適時把權力分配給下屬

能多給屬下們一些足夠的空間，讓他們充分地展示自己才華和能力，他們反而會更加尊敬你，更加佩服你的領導氣魄與涵養。

成功的領導者應該具備以下三項能力：第一是對大局的判斷和掌握，第二是調整團體的能力，第三是讓部下各盡所能，充分調動、發揮積極性。

領導者之所以要把一些瑣碎小事交給其他人去做，是因為身為領導人，最需要的工作是制定整體發展的計劃。

然而，有些領導者卻總是以「工作繁忙」而自傲，這在有識者來看，這樣的領導方式，不僅沒有駕馭屬下的才識和能力，也往往是失敗的主因。

據《清史》記載，康熙年間爆發「三藩之亂」時，據守台灣的鄭經趁機渡過台灣海峽，佔領了泉州、漳州、溫州等地。

這個消息很快地傳到了京城，傳到正領著諸位皇子在暢春園練習射箭的康熙皇帝的耳裡。不過，當時康熙皇卻無動於衷，雖然戰況接踵傳來，連台州也失陷了，皇子和大臣們個個都急如熱鍋上的螞蟻，然而康熙皇帝一心只專注於射箭，並不願多說什麼，直到回宮後，他才開口說話。

康熙對大臣們說：「福建離京城數千里，路途遙遠，消息傳報費時，雖然急著傳令，但是我們也不見得能掌握最新的情況，而且反叛的不僅僅是兵力強大的三藩，同時還有盤踞台灣的鄭經，他們的兵力固然強大，不過，當地的官員也一定盡全力去抵抗，如果他們等不到我的指令，也會明白自己的職責所在，當他們開始全力出擊時，我們再派兵前去支援，效果自然加倍。」

單從這樣統御臣下的領導方式，我們就可以看出康熙高明的治政與謀術。

在現代社會中，領導者必須學會信任，懂得適時將權力分給下屬，才能有效地

應付繁雜的工作事務。

不要以為你把自己的權力分給了下屬,下屬就會認為你的才能低下,對你採取陽奉陰違的態度。相反的,如果你能多給屬下們一些足夠的空間,讓他們充分地展示自己才華和能力,他們反而會更加地尊敬你,更加佩服你的領導氣魄與涵養,也更加無私地為你拼命工作。

做人靠手腕,做事靠手段

最艱難的競爭往往不是來自睿智、謹慎的競爭對手,而是來自不顧成本的經營者,這樣的人最後不是躲債落跑,就是宣告破產。

——約翰・洛克斐勒

收放自如的領導藝術

領導的藝術有如放風箏,看上去是讓風箏自由自在地遨翔,但實際上,風箏的一切全掌握在自己手中。

美國前任總統吉米‧卡特,曾意識到自己肩負的責任重大,事事都想親自處理,卻又深感力不從心,經常被國內外要事弄得暈頭轉向,部屬抱怨卡特不肯充分授權,卡特本人也苦不堪言。

多數人民看見政府機器無法順暢運作的情況,便認為這是領導者無能的表現,於是,他們用選票把吉米‧卡特攆了下台。

當卡特準確無誤地意識到國家所面臨的困難,其實我們可說他洞察力敏銳,然而,因為沒有充足授權部屬分工合作的勇氣,與面對難題的自信,使得人民跟著他

一起惶恐不安，讓他為自己埋下了失敗的因果。

另一位演員出身的美國總統雷根，則是把政治當成表演事業而獲得成功。

雖然他每次即興演說時，總是會把自己的無知，曝露在複雜的議題上，然而，

儘管他對涉及的問題一無所知，卻能依照白宮幕僚的教導，果斷地處理，並展現其

幹練的一面。

這不僅讓美國人民相信他是個優秀的領導者，更因為他的自信態度，讓人民也

產生無限的信心。

因此，以風趣幽默、機智果斷著稱的羅納德·雷根總統，不僅獲得了人民的信

任，更成為美國近代史上最受歡迎的總統之一。

從卡特和雷根這兩位美國總統的比較中，我們看見了領導者在權力方面「收放」

藝術的重要性。

卡特因為將擔憂放得太過，表現出冷靜不足的情況，以致於無法獲得人民的支

持;而貌似糊塗的雷根,卻因為展現充分的自信,深受人民的信任。兩個人不同的

領導風格,讓他們有了不同的結果。

其實,領導的藝術有如放風箏,必須收放自如,看上去是讓風箏自由自在地飛

在天空,自由遨翔。

實際上,不必擔心它會不受控制,無論它飛多高多遠,終究是掌握在放風箏的

人的手中,被那根細細的絲線操控著。

做人靠手腕,做事靠手段

我絕不會去嘗試跳過七英呎高的欄杆,我通常會找尋旁邊是否有一英呎高的欄

杆,然後跨越過去。

——華倫·巴菲特

領導者要有自我反省能力

自我反省後的結論,必須徹底落實,才能發揮鞭策自己的力量,否則,不斷反省又不斷犯錯,讓人覺得太虛偽、太肉麻了。

部屬的面子比領導者更為重要,所以,對待部屬應當採取寬容的態度,允許他們勇於嘗試,並在他們出現失誤之後,設法保全他們的面子,重建他們的自信,這些是身為領導的人,應當具備的寬容胸襟。

漢武帝建立太平盛世之後,有一段時間沉迷於聲色犬馬,弄得國衰民貧,朝政荒廢無度。曾經大威遠播,後來卻落得如此蕭條衰敗、風雨飄搖的西漢王朝,幸虧因漢武帝劉徹的省悟而以扭轉。

他幾經深刻反省後，說：「自我即位以來，行事狂悼，愁苦了百姓，悔猶不及，

今後凡傷害百姓、浪費資財的舉動，一律禁絕。」

接著，漢武帝又發佈「罷輪台屯田罪己詔」，自我批責說：「輪台在京師以西

一千多里，要到那麼遠的地方去屯田，必然又要擾民，使得人民不能好好地休養生

息，我不忍心這麼做。」

他宣佈，今後不再對外用兵，提出要「禁苛暴，止擅賦，務本勸勞」，要「思

富養民，與民休息」。

漢武帝年少時雄才大略，文治武功鼎盛，晚年又能以極大的勇氣悔過罪己，痛

改前非，的確是難能可貴的君主。

不過，也有統治者的罪己並不是出自真心，所提出的改革措施也沒人敢去督察

是否存在缺失，據說明朝的崇禎皇帝便是如此。

崇禎皇帝據傳是個很會自我批評的人，也習慣寫所謂的「罪己詔」，並將之公

佈於眾，而且一次比一次「深刻」。

然而，關於種種過失，他只是說說而已，根本沒有認真想過要如何改進。

所以，當李自成大軍逼近京城之際，他再次寫下了最後一道對自己嚴辭切責的詔書之後，便懷揣著它爬上煤山，自縊而亡。

兩天以後，人們在其衣袖內發現詔文，上面寫著：「因失江山，無面目見祖宗，不敢終於正寢。」

相較於崇禎皇帝走上亡國之路，漢武帝的及時省悟才是我們應該學習的典範吧！

從古自今，人們把皇帝的顏面叫作「龍顏」，現在也有人認為領導者的面子比普通職員的面子更重要，這種封建時代的想法無疑是錯誤的。

領導者應該能夠以身作則，嚴以律己，才能發揮上行下效的效果，產生團體的凝聚力，偶爾檢討自己的錯誤，下一道對自己痛加切責的「詔書」，其實也能有效地獲得員工的諒解與支持。

但是，這些自我反省後的結論，必須徹底落實，才能發揮鞭策自己的力量，否

則，不斷反省又不斷錯，只是流於形式，讓人覺得太虛偽、太肉麻了。

做人靠手腕，做事靠手段

如果你為失敗經驗所付出的代價，不能使你換得成功和更高的報酬，那麼，你就徹底失敗了。

——格蘭森

意氣用事，
吃虧的必定是自己

寧為玉碎雖然是做人的一種原則，
忍辱負重更是為人處世的一種智謀。
以忍耐態度應對不利局面，無疑是高明的辦法。

凡事斤斤計較，不見得比較好

吃點小虧，反而更能佔得長遠的大便宜。把這種體會作為為人處世的準則，更能活得瀟灑、率真、愉快。

做人是門學問，是所有人在社會大學裡的必修課。

只退不進難成氣候，一味地猛衝又容易碰壁，掌握好進退尺度是決定一個人能否成功的關鍵。切記，與其處處碰壁，不如迂迴通達，適時進退。

「退」是高明的做人方法，真正的目的，是為了「進」得更遠。

斤斤計較是一種普遍的心態，人人都如此，凡事都想找出個理、揪出個原因，生怕吃虧。其實，在變化無常的大千世界裡，分清是非對錯，豈是那麼容易的事？

既然不容易做到，何不乾脆糊塗以對？

糊塗是一種圓融心態，也是一種做人的智慧。

世上許多事，分清對錯並不容易，或者說根本就沒有搞清楚的必要，那麼還是得過且過，難得糊塗比較明智。

回想自己過往的種種遭遇經驗，相信你會同意。

固然有些事情要計算清楚，卻也有些事情，霧裡看花、「糊塗」應對更聰明，必須斟酌情況差異決定。

自從清朝的書畫家鄭板橋寫下「難得糊塗」這個處世名言後，就成了人們做人做世的準則和行動指南。

確實，斤斤計較太過累人，難得糊塗才是高明的智慧，如此才能豁然開朗，領悟到難得糊塗的真諦。

眼前吃點小虧，反而更能佔得長遠的大便宜。把這種體會作為為人處世的準則，相信更能活得瀟灑、率真、愉快。

小事多糊塗，大事不含糊

在小事上不妨糊塗些，真正遇到大事則保持清醒的頭腦，於關鍵時刻表現出大智慧。

人一生可能經歷的事情太多了，數也數不完，如果事事都要認真盤算，勢必會使自己筋疲力盡。

所以，對那些無關緊要的小事，不妨糊塗些，得過且過即可。

做到該清醒時清醒，該糊塗時糊塗，是再好不過的事情。許多時候，看似糊塗度日，不失為一件樂事。

當然，遇到大事就不能糊塗了，這點差異必須分清楚。

魯迅曾專門為文揭示了「難得糊塗」的真正涵義，他說：「糊塗主義本來就是

一種高尚道德，你說它是解脫、達觀，也未必正確，其實是在固執著什麼，堅持著什麼。」

正如魯迅所說的「在堅持著什麼」，糊塗的人實際上再清醒不過，之所以「糊塗」，是因為將世事看得太明白、太清楚、太透徹，最後乾脆裝糊塗，放下包袱，輕鬆、瀟灑一回。

說起來容易，做起來難，能夠「糊塗」的人非常有限，因為人難達到超然境界。

糊塗看世界，留一半清醒，留一半醉。在觀察社會、待人處世時，對一些不打緊的事情糊塗處之，涉及至關重要的原則性問題則清醒對待。該糊塗時糊塗，該聰明時聰明，不喪失原則和人格。

生活包袱已經極重，思想還要被芝麻綠豆大的小事情纏繞，多麼辛苦哪！「小事多糊塗，大事不含糊」，這句話實在值得所有人謹記。

如果能做到如彌勒佛那樣，「笑天下可笑之人，容天下難容之事」，說明你已經進入了忘我的境界，算是成功了。

縱觀古今，達到這種境界、擁有這種智慧的人，當然並不在少數，晉代的裴遐

就是其中之一。

有一次,裴遐到東平將軍周馥的家裡作客,周馥命家人設宴款待,司馬負責勸酒。由於裴遐與人下圍棋,正在興頭上,沒有及時喝下遞過來的酒,為此司馬非常生氣,以為裴遐故意怠慢,便順手拖了裴遐一下。

不料,裴遐因沒有留意而被拖倒在地,氣氛頓時變得非常尷尬,所有人都嚇了一跳,以為裴遐會因難忍羞辱而對司馬發怒。

想不到裴遐慢條斯理地爬起來,舉止不變,表情安詳,然後便好像什麼事情都沒有發生過一樣,繼續與人下棋。

後來,王衍問起裴遐,當時為什麼還能鎮定自如,裴遐回答說:「因為我當時很糊塗。」

例證。

我們將視線從古人身上拉回,轉移到現實生活中,來看看另一個常見的相反的

有一次，許多老人圍在一起下棋、觀棋。其中兩位老人，因為一步棋而爭得面紅耳赤，雙方互不相讓，一個罵對方手腳不乾淨，另一個罵對方是卑鄙小人，罵得不過癮，甚至還動了手，結果不歡而散。

從此以後，有多年交情的兩方成了仇人，非但再也不一起下棋，見了面還吹鬍子瞪眼，口出惡言。

之所以因為一步棋賠上友誼，就在於不懂得糊塗的真諦。

人際交往過程中，沒必要事事計較。小事上糊塗一些，別太在意，這樣一來，不但可以增加彼此的信任，還可以強化感情，加快相互交往、理解的速度。在小事上不妨糊塗些，真正遇到大事則千萬保持清醒的頭腦，於關鍵時刻表現出大智慧。

意氣用事，吃虧的必定是自己

寧為玉碎雖然是做人的一種原則，忍辱負重更是為人處世的一種智謀。以忍耐態度應對不利局面，無疑是高明的辦法。

有句諺語「忍一時，風平浪靜；退一步，海闊天空」，就是要人們處於特殊情況下時，不一味地莽撞行事，而要審慎的分析時局，做出忍讓決策，透析以退為進的大道理。

忍耐是大智慧的展現，一種高明的生存智慧。歷史上，大凡有智慧的成功者，在面臨危險時，都能從大局考慮，以忍化解險情，求得生存，然後再伺機而動，取得勝利。

越王勾踐忍辱負重，最終報仇雪恥，就是鮮明的一例。

當時，勾踐是越國國君，而吳王夫差剛好繼位。為了替父報仇，夫差立志使吳國強大起來，蓄勢向越進攻。

兩年的精心準備後，吳王在大將伍子胥、副將伯嚭的幫助下，發起進攻，一舉打敗了越國。

勾踐走投無路，對自己目前的狀況非常清楚，心知要想日後復仇，就必須把心思偽裝起來，在吳王的腳下忍辱負重、偷生苟活，否則，不要說東山再起，恐怕連命都保不住。

因此，他透過伯嚭與夫差達成了和議，保住性命，條件是自己和妻子要到吳國當奴僕，隨行的還有大夫范蠡。

為了替父報仇，夫差對勾踐百般羞辱，令他們在父親的墳旁養馬。主僕三人過著極惡劣的日子，吃的是粗茶淡飯、穿的是粗布單衣，住的是一座冬天如冰窟、夏天似蒸籠的破爛石屋，每天都一身土、兩手糞，這樣的艱苦生活持續了三年。

為了羞辱勾踐，夫差出門坐車時，總是要勾踐在車前為他領馬。從人群中走過，

必會遭到他人的譏笑：「看！堂堂一國之君現在淪落成馬夫，這樣還有臉活著啊？要是我，死了算了。」

每每聽到這樣的譏笑，雖然心裡在滴血，勾踐臉上仍然保持笑容，裝作毫不在意的樣子。他知道，若不能將所有的情緒偽裝好，東山再起的心思就會被夫差識破，到時候要忍受的就不只這些了。

一次，夫差病了，勾踐為了表達自己的忠心，在伯嚭的引薦下前去探望。待夫差出恭後，勾踐居然親自用口嚐了吳王的糞便，接著恭喜說病即將痊癒，請夫差放寬心。

正是因為這個舉動，改變了夫差的看法，扭轉了勾踐的命運。夫差相信勾踐對自己確實忠心耿耿，經過三年的磨難，已經完全放棄了復興越國的想法，便決定將他放了。

現實生活中，人們所遇到的困難或挫折，有哪一件能比肩負富國強民的任務更重？又有誰能像勾踐一樣，熬過長達三年近乎於殘忍的羞辱？這絕對是一般人無法

做到的事情。

綜觀這個時期的勾踐，幾乎可以用「順從」來形容。他之所以願意這樣做，無

非是為了儘快回到越國的國土，捲土重來。

忍，是一種為自己討得便宜的另類方法。

受到根深柢固的認知影響，人們的內心深處，早已經為英雄下了一個定義，認

為大丈夫就應該具備「士可殺不可辱」、「寧為玉碎，不為瓦全」的豪情，只有這

樣才不愧人們的稱讚，而那些忍辱負重的人，則全部被扣上了懦弱無能的帽子。

事實上，忍耐可以因為動機與目的不同，分為幾種類型。毫無原則的一味忍讓，

確實是懦弱無能的表現，但若出於「留得青山在，不怕沒柴燒」的考量，則是一種

聰明的做法。

與勾踐形成鮮明對比的，是一直被稱為英雄的西楚霸王項羽，細思他的結局，

能給我們相當深刻的啟示。

當時，烏江岸邊，亭長誠摯地招呼他說：「江東雖小，但足可夠大王稱霸，請

大王速速過江。」

可惜，項羽自視太高，根本聽不進去烏江亭長的勸說，最後自刎於烏江岸邊，為一生霸業寫下淒涼結局。

假若項羽當時願意忍耐，聽從烏江亭長的勸說過江，之後必定會有另一番景象。

誰說反敗為勝絕不可能發生呢？說不定歷史將完全改寫。

寧為玉碎雖然是做人的一種原則，忍辱負重更是為人處世的一種智謀。勾踐成功復國，絕大部分原因取決於他能忍。當然，忍要有一定的限度，不可流於懦弱。以忍耐態度應對不利局面，無疑是高明的辦法。

請把花環戴在別人頭上

能在關鍵時刻與人分享甚至大方讓出榮譽的人，無論處在任何局勢下，都能全身而退，有個好結局。

任何人都不希望自己辛苦半天得到的成績被他人搶走，但在與他人打交道時，不放手。

尤其當面對著職位高過自己的人，眼光要放遠、腦筋更要放聰明，不要死守著榮譽不放手。

不妨學得精明些，把花環戴在職位比你高的人頭上，這麼做雖然免不了得犧牲自己的榮耀，卻可以從險惡環境中全身而退，謀求往後更好的發展。

人的通病是，一旦小有成就，便不免為自己的成功感到興奮，貪功的想法自然產生。可是，不知有沒有想過，雖然得到了功勞，但之後等待著你的會是什麼呢？

恐怕是意想不到的攻擊與麻煩吧！

聰明人懂得在關鍵時刻將「花環」戴在別人頭上，即使自己心裡有一千個、一萬個的不願意，也會巧妙地隱藏起所有怨恨不滿情緒，大方地將榮耀交到別人手上。

接受榮耀的人自然會記得這份人情，並在日後有需要的時候助對方一臂之力，就算不能伸出援手，至少不會落井下石。

由此看來，把花環戴在別人頭上，不但不吃虧，反而佔便宜。

現實環境中普遍存在著一種情況，叫作「功高震主」，輕則招致別人的怨恨，重則惹來不可預知的禍患。

對此，你是否懂得避免？

自古以來，聰明人就很注意這一點，不論做任何事，都謹守自己的本分，絕不獨霸榮譽，避免太出鋒頭。能在關鍵時刻與人分享甚至大方讓出榮譽的人，無論處在任何局勢下，都能全身而退，有個好結局。

同樣的，對那些可能損及別人名譽的事，主動承擔一些，引咎自責。具備這種

涵養的人，才算是懂得做人。

漢代名臣晁錯自認才智超群，朝廷中的大臣遠遠不及，因此屢次向文帝暗示願意擔任佐命，想讓文帝將處理國家大事的權力全部交給自己。晁錯的這一行為，正是功高震主的表現。

提起韓信，無人不知，他雖是漢朝開國元勳，下場卻悲慘至極，歸根究柢，最大原因就是沒有及時地將功勞放在別人頭上，導致功高震主，最終以淒涼結局收場。

身處職場中，想要保全自己，必須謹記以下幾點：

• 遵守規定

歷史已經證明，遵守法規是自我保全最有效的方法。

司馬遷在《史記・循吏列傳》中提出的循吏，正是遵循法規的意思。能嚴守法規依此行事者，才是識大體的人。

後來，人們將「循」解釋為慈愛、仁厚、和善、愉快，認為能夠用仁義治理國家的官員才稱得上「循吏」，實在大錯特錯。

遵守法令,嚴格地約束自己,就是自保的好方法。

• 公私分明

公私分明的意思是告訴我們,千萬不要將個人利益與工作混淆,換句話說,就是不要以權謀私。一旦把私利加入到公事中,便很容易惹禍上身,招來不必要的麻煩。

• 功成身退

不要居功自傲,要懂得謙讓。功成名就時,適當地分出一些榮耀給其他人,免得遭受他人嫉恨,不得善終。

以上三點不但適用於官場,更適用於一般職場,尤其是與同事、上級的互動中,都應該懂得並發揮這些道理。如此,進一步可謀求發展的機會,退一步則可保障自身安全。

在複雜的人際交往中,適時、及時地把花環戴在他人頭上,無疑是明哲保身的最好方法。

適可而止，趕盡殺絕非好事

處世過程中，要適可而止，給別人台階下，千萬別趕盡殺絕，不要把事情做絕，斷了自己的後路。

遇事計較、窮追不捨，並不是做人應掌握的正確道理，這麼做，於人於己，都沒有任何好處。聰明人在爭取個人利益時，從不把對手趕盡殺絕，相反的，他們更知道凡事要適可而止。

現實生活中，許多人說話、做事都喜歡趕盡殺絕，不給別人留餘地，以此來顯示自己的「本事」，如此一來，原本和諧的場面必定被搞得烏煙瘴氣，使對方陷入尷尬中。其實，要想應付這樣的人，就要讓他親自感受一下陷入尷尬局面的滋味。

一旦他體會到其中的辛辣，往後再遇類似的情事時，自然更能做到站在對方的立場

上,替別人考慮了。

人一旦處於窮困狀態,不僅僅會用氣來懲罰別人,也會懲罰自己,氣自己的無能,懷疑自己生存的價值和意義。一旦這種心理產生,就會將人的情緒打入低谷,萌生強烈的挫折感和失落感。

如果你曾經體會過這種滋味,就應當用一顆慈悲的心,設身處地地為對方想一想。如果你的能力、財力等各個方面都要強於對方,完全有能力收拾對方,這時,你更應該偃旗息鼓、適可而止。

以強欺弱,並不是光彩的行為,即使成功把對方趕盡殺絕,在別人眼中你也不是個勝利者,而是一個無情無義之徒。

如果你根本沒有取勝的把握,還一意孤行想把對方趕盡殺絕,無形中相當於拿雞蛋往石頭上碰,毫無意義可言。

這時,無論是強的一方,還是弱的一方,都應該權衡利弊,適可而止,別再以牙還牙,不然只會為自己再樹立一個敵人。

怎樣才能做到適可而止呢？

● 給對方一個台階下

所謂冤家宜解不宜結，解決問題最好的方法，就是給對方一個台階下，讓他忘記你的仇，記住你的恩情。

求人辦事難免會有吃虧受氣的時候，當受了氣，你不妨把注意力轉移到解決問題的對策上。切記，不要停留在與人鬥氣上。

與人鬥氣，百害而無一利，鬥不鬥得過對方姑且不論，還浪費了不少時間和精力，可是對解決問題卻沒有任何好處。因此，必須改變一下思維模式，另闢蹊徑，尋找解決問題的更好辦法。問題解決後，你所受的氣自然會消失得無影無蹤，這時候如果你還不解氣，讓那個氣你的人陷入尷尬境地，那就顯得太不會為人了，何不就此了事，適可而止，豈不是更好？

這次人家給你氣受，你便將對方趕盡殺絕，說不定風水輪流轉，不知將來什麼時候你又會有求於他。如果對方記你的仇，那你不但事情辦不成，還會受更大的氣。

相反,如果你能適當給他一個台階下,他還會感念你的恩情,下一次求他辦事時也會更加為你賣力。

兩相權衡,哪一種做法較好,聰明人都知道。

• 別把事情做絕,化敵為友最好

有些人受了氣後,會產生報復心理,尋找報復機會。這種心理絕對要杜絕,因為說不定哪天你還要有求於那個人。

相反的,如果一個人完全有能力收拾對手,但卻放棄了這個天然優勢,從另外一個角度巧妙地應用了這一優勢,以一種大度寬容的方式對待對方,以此換得對方的感激,豈不是更加明智嗎?

不但排除了樹敵的可能性,還有可能多一個好朋友。

朋友多了路好走,社會實力就會強大,也可以提高自己的影響力,對於矛盾的雙方而言,這樣的結局無疑最為理想。處世過程中,要適可而止,別趕盡殺絕,千萬不要把事情做絕,斷了自己的後路。

別做吃力不討好的事

越權容易為自己招惹不必要的麻煩。想要安身立命，必須要意識到這一點，絕對不做費力不討好的事情。

事不出位，意思是說話辦事不要超越自己的名分和地位，該說什麼、該做什麼，不該說什麼、不該做什麼，都必須以職責為限。行事謹慎穩重，不要賣弄，防止惹火燒身。如此一來，進可賣乖、佔便宜，退可保自身平安，萬無一失，是最保險的處世之道。

李勣是唐代初年的大將，原名徐世勣，參加過瓦崗軍，失敗後投奔唐朝，任右武侯大將軍，封曹國公，賜姓李，為避唐太宗李世民之諱而改名勣。

唐高宗李治即位後,李勣任司空,為人機巧,行事謹慎。

高宗李治想廢掉王皇后,另立武則天為后,便向大臣們徵求意見。

尚書右僕射褚遂良說:「王皇后是世家之女,乃先帝為陛下所娶,先帝臨終前拉住陛下的手對大臣們說:『我的好兒子、好媳婦,現在託付給你們了。』陛下聽到過這話,至今如在耳畔,王皇后並沒有什麼過錯,怎麼能輕易將她廢除?」

「陛下如果一定要另立皇后,懇請從天下的望族中挑選,何必非要選武氏不可?武氏曾經跟隨過先帝,這是眾所周知的,天下眾人的耳目,怎麼能夠遮擋得住啊?」

韓瑗、來濟也上書,力主不選武則天,但高宗聽不進去。

高宗問李勣的看法,李勣生性聰明機伶,心想若在這個關鍵時刻,超越自己本分發表意見,可能招來殺身之禍。

廢立皇后,無論成功與否,都與性命攸關。同意廢除王皇后,要是不成功,必將得罪王皇后;不同意廢除王皇后,如果將來乃是武則天被選為后,無疑於自尋死路。李勣左思右想,乾脆含糊其辭地對高宗說:「這是陛下的家事,有什麼必要問外人呢?」

高宗聽了這話，立即下定決心，將褚遂良降職為潭州都督，馬上廢除王皇后和蕭淑妃，將武則天立為皇后。

武則天當上皇后之後，任用大臣許敬宗，排斥打擊當初不同意擁立她為皇后的大臣，長孫無忌、褚遂良、韓瑗等一批人，或者被貶逐，或者遭誅殺，下場都相當淒慘。

相較之下，李勣卻因為應付巧妙，避免了禍及自身，甚且受到重用，負責審理長孫無忌等人的案子。

李勣懂得不在其位、不謀其政的真理，含糊其辭地回答敏感問題，避免了殺身之禍，可謂處世高手。

工作職場中，做好本份就可以了，越權行為容易為自己招惹不必要的麻煩。想要安身立命，必須意識到這一點，絕對不做吃力不討好的事情。

見好就收,別逼人無路可走

做人不要做絕,說話不要說盡,凡事留有餘地,為自己留條後路。特別是在利弊面前,更應該見好就收。

貪婪只會迫使人們走上絕路,見好就收往往能給人們帶來更大的利益,這是最基本的常識。

人生總會面臨無數次的選擇,無數次的爭取與放棄。在爭取與放棄間,必須正確地權衡厲害關係,否則將置自身於進退兩難的境地。

人們常說「做人不要做絕,說話不要說盡」,這話相當有道理。

廉頗就因為做人做得太絕,蔑視藺相如,結果落得負荊請罪的下場。鄭莊公也因說話太絕,無奈之下只能遂而見母。

以上兩者,都是前人留下的血淋淋教訓。

常言道「人情留一線,日後好相見」,不管做什麼事,都忌諱走入極端,斷了自己的退路。特別在權衡得失時,務必做到見好就收。

人無千日好,花無百日紅,任何人的際遇都有高潮和低潮。像打牌一樣,一個人不可能總摸到好牌,一般情況下,一副好牌之後,隨之而來的就是壞牌。見好就收才是最大的贏家。

其實,做人正如同打牌,與人相交,不論對待什麼樣的人,同性知己或者是異性朋友,都要憑著適可而止的心態對待。君子之交淡如水,這是避免勢盡人疏、利盡人散的最好方法。

真正的友誼,並不需要走得多麼親密,往往在平淡的交往中,更能體現出可貴的真感情。

見好就收,凡事留餘地,不光可以運用到利與弊的權衡上,還可以用來闡述退

卻與逃跑的道理。當別人的勢力強過自己，而自身尚且沒有因此受到太大損失時，

逃跑、退卻是最好的保全方法，留得青山在，不怕沒柴燒。

《三十六計》最後一計是「走為上」，說得通俗一點，就是退卻和逃跑。

當面臨對方強大的壓力，卻無力回天之時，只有三條路可選擇：投降、和談、

退卻。選擇投降，那代表你已經完全、徹底的失敗了，選擇和談則是失敗了一半的

象徵。相較之下，逃跑、退卻就不是失敗的表現，而是保全實力、轉為勝利的真正

關鍵。

表面看來，逃跑、退卻不是光明磊落的作為，實際卻是最高的戰法，具有切實

的可用性，可使人受益無窮。

想要保全自己嗎？別忘了「隨退隨進」。所謂隨退隨進，並不是懦弱的象徵，

而是生存的大智慧。

蘇東坡在《與程秀才書》中曾講道：「我將自己的全部命運，完全交由老天爺

決定，聽其運轉，順流而行。如果遇到低窪就停止下來，這樣不管是行，還是止，

都沒有什麼不好。」

蘇東坡這個說法，強調的是人應當順應天意，進退不強求，就好比是大自然的陰晴、月亮的圓缺、四季的更換、天氣的冷暖。所有美好的事情，都只是人們對美好生活的嚮往，人生在世，有高有低，一帆風順真的太難得。

莊子曾講，窮通皆樂；蘇軾則言，進退自如。不管是莊子的主張，還是蘇東坡的看法，其實都指的是同一種做事的策略。窮通說的是人實際的境況遭遇，進退說的是人主觀的態度、行動。

做人不要做絕，說話不要說盡，凡事留有餘地，為自己留條後路。特別是在利弊面前，更應該見好就收，這是成功者必須掌握的處世之道。

損人又不利己，又何必？

一定要恪守「絕不損人利己」這個原則，這是做人最基本的準則，也是處世順利的一張通行證。

具有大智慧的人都有成全他人的美德，絕對不會做損人利己的事情，因為他們明白，損人的事也未必會利己。

看到別人取得成績，不要光是艷羨，更不能藉毀壞他人的成果來解自己的嫉妒之氣。要想獲得榮耀，需要腳踏實地付出，一分耕耘、一分收穫，損人利己的事情絕對不能做。

如能堅持這一點，與人交往中，你會為自己和他人都留下進退的餘地，這對建立良好的人際關係、增進雙方感情，能產生重要作用。

戰國時期，魏國與楚國在交界處設立界亭，兩國亭卒們分別在各自的國土上種植蔬菜。

魏亭的亭卒非常勤勞，每天都用心管理田裡的蔬菜，鋤草、澆水、施肥，忙個不停，蔬菜長得又綠又高。相比之下，楚亭的亭卒則十分懶惰，整天只知道睡大覺，不管蔬菜的死活，菜苗長得又瘦又弱。

楚亭的人覺得很沒有面子，於是乘一個夜黑風高的晚上，偷跑過去把魏亭的蔬菜全部破壞了。第二天早上，魏亭人發現菜地被毀，氣得火冒三丈，急忙報告了邊縣縣令宋就，並表示要對楚亭亭卒實施報復。

宋就了解狀況之後勸亭卒們說：「毀壞他人辛苦耕作成果的行為，確實很卑鄙，我們生氣歸生氣，為什麼要反過來去效仿呢？明知別人不對，再跟著學，實在太狹隘了。這樣吧！從今天起，你們竭盡全力去打理他們的蔬菜地，給蔬菜澆水、除草、施肥，不過你們一定要注意，不要讓他們知道。」

魏亭的人認為宋就的話有道理，就照辦了。從此之後，楚亭的菜苗果然一天天

地茁壯了起來。楚亭的人覺得很奇怪，仔細觀察才知道，原來每天早上菜地都被人用心澆灌過，而為菜地澆水的，正是魏亭的亭卒。

楚國邊縣縣令得知此事後，對魏人的做法敬佩不已，於是把這件事上報給了楚王。楚王聽說後，贈送重禮給魏王，向魏王道歉，並表示願意與魏國結成友好的鄰邦。

宋就的做法，顯然要比那些亭卒更高明，因為他知道，為長遠的未來著想，損人不利己的事情做不得。

害人必會害己。寬恕別人，等於為自己多留條後路。

日常生活中，處世尚淺的年輕人，對社會上的一切都茫然無知，為人處世更是小心翼翼，左顧右盼，想尋找一個參照物來規範自己、約束自己，以免做出一些不合常禮的事。社會閱歷太少，產生這樣的心理是很正常的，但有時這樣做，會導致南轅北轍的結果。

由於人的身份地位、脾氣秉性都不盡相同，要想找到一個統一的標準供參考，

實屬不易，也可說是根本不可能。所以，你其實沒有必要去效仿他人，只要堅守「不做損人利己的事情」，即可獨善其身。

做損人利己的事會讓人討厭，這是無庸置疑的，更何況損害了別人也不一定對自己有利。自私自利之人，往往不能領悟到這一點，毫無顧忌地損害他人的利益，把苦轉嫁到旁人身上，認為這麼做才能保住自身利益。事實上，這種想法大錯特錯，以這種態度處世，走到哪裡都不會受歡迎，既損人又不利己，當然更別妄想賣乖佔便宜了。

想給自己留退路，首先要給別人留退路，這是人情味的一種表現。做人要有人情味，真正的強者，都能把握這一點。

要做人，就要做個正直的人，損人利己的事情千萬不能做，因為這只能獲得一時的短期利益，從長遠來看沒有半點好處。

與人交往，一定要恪守「絕不損人利己」這個原則，這是做人最基本的準則，也是處世順利的一張通行證。

榮耀均分,少惹嫉妒糾紛

會做人的人,能以正確的態度對待獲得的榮耀,榮耀越高,對人越客氣,以避免引起不必要的妒忌,招惹麻煩。

與人合作時,抱持「吃獨食」的態度,會引起他人的反感,反而自斷生路,為下一次的合作製造障礙。

最明智的做法,是與所有合作夥伴一起分享成果,別做得太絕,把功勞全部搶到自己手裡。

在榮譽面前,正確的對待方式應該是:感謝、分享、謙卑。與人分享榮耀,是一種美德,也是做人的大智慧。

美國羅伯德家庭用品品公司，自成立以來，生產迅速呈直線上升，每年利潤以十

八％至二十％的速度向上增長。究其原因，是因為公司建立了完善的利潤分享制度。

每到年終總結時，管理者都會把公司在一年中獲得的利潤，按比率平均分配給

每一個員工，這就給旗下員工灌輸了一種思想：公司獲得的利益越多，自己分到的

利潤就越多。

因此，每個人都積極主動，任勞任怨地創造利益，時不時還要為公司的發展提

些意見，指出產品存在的缺點與毛病，設法加以改進。

不管是在與人交際中，還是商業合作中，有福同享、有難同當，是贏得好人緣

最直接、有效的方法。

在某一工作崗位上取得一些成績，自然要為之慶祝，不過千萬不要忘記，感到

高興的同時，還要考慮一下成績的由來。

如果成績的取得完全依靠自身力量，為自己高興還說得過去，別人也會祝賀你，

但是，不要忘了人有「眼紅、嫉妒」的劣根性，所以為了自保，還是需留條後路，

把榮耀和大家一同分享，免得自掘墳墓。

要想靠自己的力量取得一定的成績，不是一件容易的事，大部分成績的由來，

是依靠他人的幫助，這時你如果只顧自己，就有些「吃獨食」的感覺了。他人也會

覺得你好大喜功，懷恨在心，產生不滿，輕則以後斷絕與你合作，重則尋找時機對

你施以報復。

獲得成績原本是一件好事，卻由於自己一點小小的貪念，造成嚴重的後果，丟

了朋友也毀了名聲，實在划不來。

凡森在一家圖書出版社擔任編輯，為人隨和也很有才氣，平日裡總喜歡與同事

開些小玩笑，所以單位上下關係都非常融洽。

舒心的工作氛圍，給凡森創造了許多寫作的機會，閒下來時，他會拿起筆，隨

意地寫點什麼。

有一次，他編輯的圖書在評選中獲得了大獎，而且位居銷售排行榜榜首。為此，

他感到無比榮耀。大概是開心過了火，他逢人便誇耀自己的圖書獲了大獎，同事們

表面上紛紛祝賀，可是一個月之後，他發現工作氛圍變得冷漠許多，全部消失了。單位裡的同事，似乎都在刻意地躲避他，甚至刻意和他＿＿去。

一段時間以後，他終於找到了矛盾衝突的產生根源──自己犯了「吃獨食」的錯誤。

一本書可以獲得大獎，身為責編，凡森的功勞自然很大，可那畢竟不是憑一個人的力量完成的，其他人也為此付出不少心血，這份榮耀，所有參與者都應當分得一份。

這就是人之常情，在榮耀面前，不會認為某個人的功勞最大，唯一的想法就是「我沒有功勞，也有苦勞」，分得一份乃理所當然。

上面這則故事裡，凡森一個人獨佔了所有的榮耀，別人心裡當然不舒服，尤其是他的頂頭上司，心裡還可能產生不安全感，擔心自己的位置不保。

以此為戒，當你在工作中取得一定的成績時，別忘了做人的原則，一定不能「吃獨食」，切記大方地與別人一同分享，免得自斷後路。

- 榮耀均分

生活中，有些人根本不在乎實質分得的榮譽是多還是少，想要的只是獲得榮譽時的快感。

意識到這種心理後，你應主動在口頭上感謝他人的支持與幫助，主動把一部分榮譽交到他人手上。

如此一來，別人會認為他在你心目中有個位子，你沒有把他們忘記，在以後的合作中，自然會更盡力地幫助你。

與他人一同分享榮譽的方式很多，你可以請大家吃頓飯，輕輕鬆鬆就籠絡了人心，堵住了悠悠之口。

- 懷有感恩的心

獲得榮耀後，別忘了感謝同仁的協助，不要認為所有的功勞全部屬於自己一個人，更不可以忘記感謝上司，稱揚他的提拔、指導、授權、支持。

若上司確實給予很大的幫助，你感謝他時更要真誠一些；但如果上司沒有為你的成功付出任何努力，同仁的協助也十分有限，照理說根本不值得你去道謝，不過，如果你是一個會做人的人，還是該大方地讚美他們。雖然這麼做顯得有些虛偽，卻可以避免使你成為他人的箭靶。

參加過頒獎儀式，就應該明白，為什麼很多人上台領獎時，開場的第一句話就是：「我要感謝……」，其中的涵義就在於此。

儘管這種感謝只是發自口頭，缺乏「實質」意義，但聽到這些話的人，會感到很舒服，自然沒有空暇再去議論、妒忌。

・謙卑謹慎

謙虛使人進步，驕傲使人落後，這絕對是真理。

有些人得了榮譽就沾沾自喜，甚至還會得意忘形。雖然愉悅的心情可以被理解，卻沒有考慮到他人的感受，別人只好承受著你的氣焰，出於情面又不好說些什麼，因為你正在風頭上。

久而久之，彼此間的不滿和矛盾越積越深，便會在工作中會有意無意地抵制你，讓你碰釘子。

所以，獲得榮耀時，必須表現得更加謙卑。別人看到你如此謙卑，自然不會再對你耍小手段。

會做人的人，能以正確的態度對待獲得的榮耀，榮耀越高，對人越客氣，頭越低，而且不會經常地在別人面前提及自己的功勞成果，以避免引起不必要的妒忌，招惹麻煩。

「吃獨食」帶來的後果是很嚴重的，在獲得榮耀時，別忘了大方地與其他人共同分享。去感謝別人、與人分享、謙虛做人，將可有效避免遭到攻擊，為自己留條能夠全身而退的後路。

否則，免不了自討苦吃、自食苦果。

掌握心理需求，
就能得心應手

抓住心理需求，讓他人的願望得到滿足，
之後再求對方辦事，一來一往過程中，
你無須付出太多心力，
卻能使自己的人氣不斷提升，辦起事來得心應手。

掌握心理需求，就能得心應手

抓住心理需求，讓他人的願望得到滿足，之後再求對方辦事，一來一往過程中，你無須付出太多心力，卻能使自己的人氣不斷提升，辦起事來得心應手。

將心比心、投桃報李，是聰明人都懂得的做人道理。

善待身邊的人，他們必會透過不同的方式回報。會做人的人從來不忘善待身邊的每個人，不會做人的人則只懂善待自己。

生活中絕大多數的人，都喜歡聽到別人的讚揚，從自身地位卑微、一貧如洗，到身世顯赫、腰纏萬貫，無一例外。

聰明人會抓住這種心理，在適當的時機，滿足他人希望被稱讚的願望，以博取好感，更快速達到自己的目的。

相較之下，腦筋迂腐、不懂變通的人，即使知道別人需要得到心理上的滿足，也不願意開口說點好聽話，尤有甚者，還會給人當頭一棒，澆下一盆冷水，打消別人的興奮期待情緒。

抱持這種錯誤態度，在人際交往中處處碰壁，實在怪不得任何人。

只要細心觀察就不難發現，時下廣告用語已經抓住了這項人性特質，會在宣傳商品同時不露痕跡地稱讚消費者，例如「聰明的人都會使用」、「想成為人人羨慕的對象就要使用」。

由此可見，聰明的生意人都摸透了人們希望受稱讚的傾向，把它作為一種經營方法，運用到激烈的商戰中。

現實生活中，絕大多數人，都不可能一下子由平庸變成受矚目的傳奇人物，就好像一個普通的職業婦女，絕不可能只因為使用了某種化妝品或穿上某件衣服，便一下子搖身一變為名媛貴婦。

但十分有趣的是，儘管明知自己不會變成貴婦，婦女們仍捨得花大錢購買那些

昂貴的商品。

為什麼呢？原因很簡單，因為廣告中透露出的讚美與暗示，使她們的虛榮心得到了滿足。

抓住心理需求，讓他人的願望得到滿足，之後再求對方辦事，他自會為你肝腦塗地、義無反顧。

一來一往過程中，你無須付出太多心力，卻能使自己的人氣不斷提升，辦起事來得心應手。

想想，還有比這更「便宜划算」的事情嗎？

明白這個道理之後，我們可以把滿足他人希望得到讚美的願望，當作為人處世中必備的一件致勝法寶。

不過，更進一步來看，怎樣才能將這個法寶應用得活靈活現呢？這是人們急切想知道的問題。

人際交往互動的過程中，一旦有摩擦產生，我們經常可以聽到當事者說出「你算什麼東西」、「你有什麼資格說我」、「你以為你有多了不起」……之類傷人的話。

歸根究柢，敢於說出這種話的原因，是大部分人對似乎無關輕重的「小人物」，根本不放在心上，也不給以應有的尊重。殊不知，「小人物」也有可能在特定的場合、特定的時間成為決定成敗的大將。

任何想塑造好形象的人，都要懂得一個最基本道理——善待身邊的每一個人。

而善待他人的最好方法，就從讚美開始。

強調他人錯誤, 對自己沒有好處

有句話說得好:打人莫打臉,傷人莫傷心。做任何事情都有一定的限度,與人交往,切記替對方保全顏面,留個「台階」。

社交活動中,適時地為陷入尷尬境地者提供一個恰當的「台階」,使他免丟面子,是一種高明的交際手腕。

這不僅能使你獲得對方的好感,更有助於樹立良好的社交形象,既得了便宜又賣乖,對日後行事大有好處。

或許你會問,為什麼要在公開社交場合特別注意為人留面子,給人留「台階」下呢?

這是因為在社交場合,每個人都被展現在眾人面前,因此格外注重自身形象的

塑造，會比平時抱著更為強烈的自尊心和虛榮心。

這種心態支配下，人們會因你使他下不了台，產生比平時更為嚴重的反感，甚至與你結下終生怨恨。

同理，他也會因你提供了「台階」，使他保住了面子、維護了自尊心，而對你更為感激，產生更強烈的好感。

這兩種心態的產生，對於彼此日後的交往互動，會產生極為深遠的影響，卻恰恰為不少人所忽略。

下列幾種錯誤行為，將可能陷他人於難堪的境地，必須避免：

• 揭露對方的錯處或隱私

誰都不願自己的錯處或隱私在大眾面前曝光，一旦被「公諸於世」，必定會感到難堪惱怒。

在交際中，如果不是為了某種特殊需要，一般來說，應儘量避免觸及對方所忌諱的敏感區，避免使人當眾出醜。真有必要，可委婉地暗示，製造一點心理壓力即

可,但不可過分,一切「點到為止」。

某知名大飯店裡,一位外賓吃完最後一道茶點後,竟順手把精美的景泰藍筷子悄悄「插入」西裝口袋裡。

服務小姐見狀,笑容滿面地迎上前去,雙手捧著裝有一雙景泰藍筷子的緞面小盒子,說:「我發現先生在用餐時,對景泰藍筷頗有愛不釋手之意。非常感謝您對這種精細工藝品的賞識,現在,我代表本店,將這雙圖案最為精美、細緻,並且經嚴格消毒處理的景泰藍筷奉上,並按照『最優惠價格』記價,您看好嗎?」

那位外賓也是聰明人,當然明白這段話的弦外之音,聰明地抓住了餐廳給予的「台階」,表示謝意之後,推說自己多喝了兩杯,頭腦有點發暈,誤將筷子插入口袋裡,實在不好意思,避過了尷尬局面。

● 張揚對方的失誤

誰都可能犯下不小心的失誤,比如念了錯別字、講了外行話、記錯了對方的姓

名職務、禮節失當等等。

發現他人出現這類情況時，只要無關大局，就不必大加張揚，故意搞得人人皆知，使本來已被忽視了的小過失，一下子變得極為顯眼。

他人出醜之時，最忌諱抱著譏諷的態度，以為抓住了難得的「笑柄」，小題大做，拿人家的失誤在眾人面前取樂。

這麼做或許可以逞一時之快，但是後患無窮，不僅使對方感到難堪，傷害他的自尊心，使他對你反感或進行報復，更不利於你自己的社交形象。別人會覺得你為人刻薄，並下意識地在今後的交往中對你敬而遠之，產生戒心，無論怎麼看，都相當不划算。

● 讓對方敗得太慘

社交過程中，常會參與一些帶有比賽性、競爭性的活動，比如棋類比賽、乒乓球賽、羽毛球賽等。儘管這些活動本身的目的在連絡感情，但參與者還是會希望獲得勝利，此乃人之常情。

有經驗的聰明人,在自知實力絕對能取勝的情況下,往往會「留一手」,刻意不使對手敗得太慘、太狼狽,做到既不妨礙自己取得勝利,又不使對手輸得太沒面子。

與人相處正像下一盤象棋,只有閱歷不深的初生之犢,才會一口氣贏個七、八盤,對弈者已漲紅了臉、抬不起頭,他還在一個勁地大喊「將軍」。

有句話說得好:打人莫打臉,傷人莫傷心。做任何事情都有一定的限度,一旦傷了人心,就有可能讓你失掉好人緣,成為舉目無親的孤家寡人。

與人交往,切記替對方保全顏面,留個「台階」。

多讓一步，人生減少險阻

適時讓步，才能減少險阻。事事不肯讓人，別人心懷怨恨，就會設法阻礙、損傷你，那麼即使是一條大路，也會充滿險阻，窒礙難行。

你認為，一個人最在意、最不容許失去的是什麼？

答案不是金錢，不是愛情，而是自尊。

一個自尊和人格受到損害的人，會為自我保護的心理，做出什麼樣激烈的事情來，根本無法預測。

許多時候，我們本無存心傷人之意，卻可能因為一句無意的話，為自己樹立一個敵人。由此看來，謹言慎行很有必要。

以下這則故事，有相當大的思考空間，相信能給你一些啟示″

小麗是位自尊心很強的女孩,卻不幸跟幾位「沒教養」的人當了同事。這些人舉止隨便、輕浮,小麗很看不慣。

一次,正下著雨,一位女同事想出去買東西,拎起小麗的傘就走。

小麗十分不高興,心想:怎麼招呼也不打就用別人的東西呢?未免太欺負人,太不懂禮貌了!

於是,她勉強忍住氣說:「妳拿錯傘了吧?」

想不到對方大刺刺地回答:「我忘了帶傘,借妳的用一下。」

「妳好像沒跟我說『借』字吧!」

「哎喲!大家都是同事,還用得著說『借』嗎?我的東西還不是放在那裡,誰愛用就用。」

小麗板起臉孔,冷冷地說道:「那是妳,不是我。要用我的東西就得說『借』,我不同意,誰也不准拿!」

沒想到,從這件小事發生之後,小麗的處境便有了很大的改變,那幾位同事再

也不理她，連工作上的合作都不願意。

不知情的上司以為是小麗的問題，經常提醒她注意經營人際關係，不要造成大家的困擾，根本不聽她的解釋。

為此，小麗常常憤憤不平地想：我只不過是維護自己應有的權利而已，難道這也錯了嗎？

當然，捍衛自身應有的權利沒有錯，但做法可以有很多種。小麗的動機固然正確，但是方法與態度並不高明。以這種態度為人處世，必定免不了為自己樹立許多敵人。

在工作和生活中，隨時都會遇到一些人，或許有心，或許無意，說出傷害我們的話，或做出對不起我們的事。

這種時刻，你認為如何應對最好？是針鋒相對，以怨報怨，還是寬容為懷，大方地原諒？

人生好比行路，總會遇到狹窄難行的關卡。這種時候，最好停下來，讓別人先

行一步。適時讓步,才能減少險阻。

心中常有這種想法,生活就不會有那麼多抱怨了。畢竟,即使終身讓步,也不過百步,能對人生造成多大影響呢?

經常讓人一步,別人心存感激之餘,也會讓你一步,於是一條小路從此變成了康莊坦途。

事事不肯讓人,別人心懷怨恨,就會設法阻礙、損傷你,那麼即使是一條大路,也會充滿險阻,窒礙難行。

懂得尊重,才有良好互動

與他人發生摩擦時,首先要了解對方的想法,然後在顧及顏面的前提之下,陳述意見,留有餘地。

人與人之間的交往,說穿了就是心與心的交往,所以誠心換來的是真情,壞心換來的是歹意。

春秋時代,群雄並立,其中有一個小國,名叫中山國。

一次,中山國國君設宴款待國內名士,不料羊肉湯準備的份量不夠,無法讓在場的人都喝上。

沒有喝到羊肉湯的司馬子期感到很失面子,便懷恨在心,竟然到楚國勸楚王攻

打中山國。

中山國很快被攻破，國君不得已，只得逃往國外。他一路狼狽地奔逃，卻發現有兩個人拿著武器跟在後面，便問：「你們來幹什麼？」

那兩人回答：「從前有一個人，曾因得到您賜予的一點食物而免於餓死，我們就是他的兒子。我們的父親臨死前囑咐，不管中山國以後出什麼事，我們都必須竭盡全力，以死報效君王。」

中山國君聽完，感歎地說：「仇怨不在乎深淺，而在於是否傷了別人的心。我因為一杯羊肉湯而亡國，卻又由於一點食物而得到兩位勇士。」

這故事告訴我們，與人相處過程中，千萬不可傷及對方的自尊，而要拿出真心，設身處地和他人交往。

從前有一位高官，喜歡下棋，自詡為高手，相當自傲。

某甲是他門下眾多食客中的一名，有相當不錯的才幹和智慧。有一天兩人下棋，

某甲一下手便咄咄逼人，下到後來，竟逼得這位高官心神失常，滿頭大汗，狀況非常狼狽。

某甲見對方神情焦急，格外高興，故意留一個破綻。高官一見，滿以為可以轉敗為勝，誰知某甲又突出妙手，局面立時翻盤。

只見某甲得意地道：「你還想不死嗎？」

這位高官遭此打擊，心中很不高興，雖然有一定的修養，也禁不起刻意嘲弄，於是起身便走。

從此以後，這位高官便對某甲有了極深的成見，再也不願見他的面，當然更不可能提拔了。

可悲的是，某甲始終不明白自己犯了什麼錯，鬱鬱不得志，以食客終其身。到死之前，他都不知道自己錯在不懂得顧全別人的自尊。

如果遇到必須取勝、無法讓步的事，又該怎麼做呢？

切記，即便如此，仍然要給別人留一點餘地。就好像下圍棋一樣，「贏一目是

贏，贏一百目也是贏」，只要能得勝就行了，何必讓對方滿盤皆輸、走投無路？

又比如與人爭辯，以嚴密的辯論將對手駁倒固然令人高興，但絕對沒必要批駁得體無完膚。這樣做不但對自己毫無好處，甚至會自食惡果，於日後遭到更猛烈的反擊。

與他人發生摩擦時，首先要了解對方的想法，然後在顧及彼此顏面的前提之下，陳述自己的意見，留有餘地。

懂得尊重，人際之間才有良好互動，這是一個不爭的真理。

別招惹心胸狹窄的小人

小人始終躲在暗處，用盡陰險手段算計他人，而且不肯輕易罷手。不要輕易得罪小人，以防吃虧。

與人交往，想要既得便宜又賣乖，就要避免得罪人。

有些人，你不慎得罪之後，可以透過誠心的賠罪彌補和對方言歸於好，但也有些人，一旦和你有了嫌隙，就會長久地記恨在心，使手段害你。後者就是你無論如何都不可以得罪的小人。

所謂不該得罪的人，指人品差、氣量小、不擇手段、損人利己之輩。

誰都不願意與這類難纏的人打交道，但不管願意還是不願意，仍不可避免地會碰上，這種時候千萬要小心，因為對方得罪不起。

這些人當中的大多數,眼睛總牢牢地盯著別人的利益,隨時準備多撈一份,為

此不惜動用各種手段來算計別人,令身邊人防不勝防,說不準自己什麼時候會吃虧。

唐玄宗相當喜歡外表漂亮、一表人才、氣宇軒昂的武將,但宰相李林甫心胸極

端狹窄,容不得其他人受到玄宗寵愛。

有一天,唐玄宗在李林甫的陪同下,於花園裡散步,遠遠看見一位相貌堂堂、

身材魁武的武將走過去,便感歎了一句:「真威武!」並隨口詢問起那位將軍的名

字。

李林甫支吾著說不知道,心裡非常慌張,升起一股危機感,生怕唐玄宗會重用

那位將軍。

事後,李林甫立即找了個藉口,神不知鬼不覺地暗中把那位受到讚揚的將軍,

調到了非常偏遠的地方,使他再也沒有機會接觸到唐玄宗,當然,也就永遠喪失了

升遷的機會。

小人是琢磨別人的專家，時常為芝麻大小的恩怨付出一切代價，因此在待人處世中，想順利與小人打交道，甚至從他們身上討得便宜，還非得拿出一套行之有效的方法不可。

什麼樣的方法，才能聰明省力地對付或利用小人呢？

如果你不想把自己的水準降低到與小人同等，也不想跟小人兩敗俱傷，那就把臉皮磨厚點吧！或者睜隻眼閉隻眼，不理了事；或者惹不起、躲得起，盡量不與小人發生正面衝突。

謹記一句話：不到萬不得已，千萬別得罪小人。

他與人打交道的秘訣，就是：「寧得罪君子，不得罪小人。」

為大唐中興立下赫赫戰功的名將郭子儀，不僅於戰場上橫掃千軍，在待人處世上也是一等一的高手。

「安史之亂」平定後，立下大功並且身居高位的郭子儀並不居功自傲，為防小人嫉妒，待人接物上反而比先前更加小心。

一次，郭子儀生病臥床，有個叫盧杞的官員前來探訪。盧杞這個人相貌奇醜，

生就一副鐵青臉、臉形寬短、鼻子扁平、鼻孔朝天、眼睛小得出奇，活像個惡鬼。

正因為如此，一般婦女看到他這副尊容，都不免掩口失笑。

郭子儀聽到門人的通報，馬上下令左右姬妾都退到後堂去，不要露面，他獨自

一人招呼即可。

盧杞走後，姬妾們回到病榻前問郭子儀：「許多官員都來探望您，您從來不讓

我們迴避，為什麼此人前來，就讓我們全部迴避呢？」

郭子儀微笑著說：「妳們有所不知，這個人相貌極為醜陋，而且內心十分陰險。

萬一妳們看到他，忍不住失聲發笑，他一定會忌恨在心。若將來有一天讓他掌權，

郭家就要遭殃了。」

後來，盧杞果真當上宰相，並極盡報復之能事，把所有以前得罪過他的人都陷

害了，唯獨對郭子儀比較尊重，沒有動他一根毫毛。

這件事，充分展現出郭子儀的處世智慧。

要知道，小人之所以為小人，就是因為始終躲在暗處，用盡陰險手段算計他人，

而且不肯輕易罷手。

為人處世中，不要輕易得罪小人，以防吃虧。

君子不畏流言、不畏攻訐，因為問心無愧。小人則不然，為了自保、為了掩飾，

會對你展開反擊，沒有做不出來的事。

千萬別說自己根本不在意，要知道，也許他們一時奈何不了你，但來日方長，

不可不防。

場面話,該說就說

待人處世中,場面話是少不了的,當然不可以濫用,但該說的時候,還是要聰明運用。

想打好人際關係,必須先澄清一個觀念:會說場面話,並不是性格虛偽、為人狡詐的象徵。

事實上,這是疏通人際關係的一種有效手段,場面話說得到不到位,直接影響著人脈網的廣與狹。

會說場面話的人,多能在人際互動中建立起好形象。

但是,聽到別人對自己的場面話,就得動動腦子,認真辨別真偽了。否則,難保沒有吃虧上當的一天。

李強在一個單位埋頭苦幹了許多年，一直都沒有機會升遷，為此他感到十分苦惱，卻又不知道如何是好。有一天，李強的一個朋友告訴他，另一個單位的營銷部有一個空缺，他便透過朋友牽線搭橋，拜訪了那單位人事部門的主管，希望能靠走後門，把自己調到那裡去。

那位主管熱情地招待了李強和他的朋友，對李強的請求，拍著胸脯說：「沒有問題，我會盡力幫忙！」

李強認為已大功告成、十拿九穩，便與高采烈地回家等消息，沒料到轉眼兩個月過去，調動的事情竟連一點消息也沒有。

他感到不解，打電話詢問朋友，想知道到底出了什麼情況，朋友卻告訴他，那個位子已經被人搶先佔了。他頓時氣得火冒三丈，質問道：「當初都答應我了，而且還拍胸脯說沒有問題，為什麼現在會出現這種狀況？」

朋友對李強的質問，也不知如何回答是好。

其實，那位主管拍著胸脯承諾李強的話，不過只是場面話。

要知道，身為主管可能接受的請託太多了，怎麼可能事事都辦到？李強卻沒有認清這個事實，傻傻相信，所以才吃了個啞巴虧。

說場面話是在現實社會中與人打交道無法避免的，更可以定義為待人處世中不可缺少的生存智慧。

場面話，一般可分為兩種。

• 實話

現實生活中，必定接受過他人的讚賞，如誇讚你聰明、機智，讚揚你很會打扮，穿著多麼的時尚合體……等等。

這些都是場面話，但也可能陳述了某方面的事實。

當然也有些場面話屬於應酬話，與事實有相當大的差距，不可輕易相信，否則就會受到矇蔽。

雖然場面話必定是光挑好聽的說，免不了不太切合實際，但只要差得不太遠，

聽的人還是會感到高興。尤其是在人多的地方說場面話，更能收攏人心。

● 不切實際的承諾

與人交際中，我們經常會聽到類似的場面話，例如「你的事情包在我身上」、「我全力幫忙」、「有什麼問題儘管來找我」。

這一類型的場面話，有時不說真的行不通，因為對方運用壓力求你，若當面回絕，勢必會將場面弄得很尷尬，得罪人在所難免。

另外，如果碰上的是難纏的人，為了讓你幫忙，死纏著你不肯離開，會是一件非常令人頭疼的事，這時，也只能用場面話先打發掉，他委託你辦的事情，能做到的盡力，做不到的日後再說。

千萬別以為這是虛偽的表現，事實上，許多時候，不靠場面話不僅難以脫身，還會影響日後的人際關係。待人處世中，場面話是少不了的，當然不可以濫用，但該說的時候，還是要聰明運用。

小心「一見如故」背後的暗算招數

別有用心的人在對你說「一見如故」時，摻雜了很多奉承、拍馬的成分，此時，你必須加以防範。

當一個人和你初次見面，就熱情地主動表示說，他和你「一見如故」時，千萬別高興得太早。這時候，你反而得當心對方背後可能隱藏的陰謀。

對於這樣的人，你可以不必拒絕他的熱情，甚至也回他一句「一見如故」，維持好氣氛，但與此同時，內心一定要保持理性，冷靜看待。

這可能純粹是一句客套話，也有可能是一顆裹上糖衣的毒藥，期望藉溫情攻勢來拉近和你的距離，好從你的身上獲得某些利益。

「一見如故」固然幸運，但有時也是「不幸」的開始。

「一見如故」是很多初次見面的人習慣使用的一句話，意思是，雖然才初見面，彼此卻好像已經認識很久了。

能真正碰到「一見如故」的人，是一種幸運，因為雙方可以越過試探過程，直接進展到「交心」層次。

可是，不得不殘酷地說，以社會上層出不窮的真實例證來看，大部分的「一見如故」都不太單純，背後往往別有居心。

人性叢林裡，人會呈現出自身的多面性，在不同的時空，因不同的刺激而展現出不同的面貌。

本性屬「惡」的人，在某些狀況之下可能會出現「善」的一面，本性屬「善」的人，也會因為某些狀況的引動、催化而出現「惡」的作為。至於何時何地出現「善」或「惡」，甚至當事人自己也無法預測及掌握。

例如，一輩子循規蹈矩的正人君子，有可能因為一時缺錢忽然浮現惡念，這是

他過去根本無法想像的事,但就是發生了,連他自己都不敢相信。

現在,讓我們來剖析「一見如故」背後可能隱藏的訊息。

如果只是一句客套話,你的熱切回應不但無法產生效用,還會因對方隨之而來的冷淡受挫,更有可能過分暴露了自己,給有心人可乘之機。

如果說話者真的另有所圖,你的熱切回應,等同於自投羅網。

聽到「一見如故」這句話,你的態度應該如下:

第一,想想自己有沒有因此而興奮、感動?如果有,請趕快將它們澆熄、撲滅,以免自作多情而自投羅網。

第二,如果對方在「一見如故」後還有後續動作,你應該保持善意的距離,檢驗對方用心的真偽,以免自己受傷。

第三,如果對方和你都感到「一見如故」,是最危險的狀況,你應該立刻向後退,以免引火自焚,或因太過接近而彼此傷害,葬送有可能向正確方向發展的友情。

第四,如果「一見如故」只是對方的一廂情願,你根本無心回應,那就不必多

花心思在這上面。

與人交往過程中，別有用心的人在對你說「一見如故」時，摻雜了很多奉承、拍馬的成分，目的是擾亂你的判斷能力，此時，如果你不加以防範，很可能就此陷入對方設計好的陷阱裡。

當聽到這類話語時，必須馬上提高警惕，不要只貪圖一時虛榮心的滿足，最終壞了自己的大事。

炫耀，只會害你把好人緣丟掉

喜歡在他人面前吹噓炫耀者，遲早要為錯誤行為付出代價，非但討不到便宜、賣不了乖，還會吃大虧。

不想在人際交往中吃虧受害，就要時時提醒自己：無論碰上多麼得意的事情，都不要炫耀。

適當地掩飾自身才能、隱藏光芒是必要的，因為「樹大招風」是不證自明的真理。平時，審慎地把自己的好才幹適當地隱藏起來，不但不會招來嫉妒，還會讓你的人緣越來越好，得到更多便宜。

一位女士的寶貝女兒，從英國劍橋大學畢業歸國後，進入一家金融機構任職，

待遇極優，薪水相當高。

這位女士深深為女兒的出色表現自豪，面對親朋好友時，必定滔滔不絕地誇耀女兒的風光。

偶然地，女兒發覺了這個狀況，立刻私下制止母親，說她開口閉口總誇自己的女兒有多好、多優秀，就算沒有惡意，也會在無形間傷害聆聽者的感情，讓人不快。

可見，敘述自己的事情時，要防止過分突出自己，切勿使他人心理失衡，產生不快，以至影響了相互之間的關係。

如果你還不懂得內斂低調的好處，不妨看看以下的故事。

有兩位交情相當好的女孩，甲的容貌漂亮，乙則普普通通。她們一起去參加舞會，男士們頻頻與甲共舞，在不知不覺中冷落了乙。

甲下意識地感覺不妥，於是以身體不適為由拒絕邀請，請他們轉邀請乙。男士們接受了甲的建議，乙被拉入了舞池，還以為是自身魅力大，內心的快樂不言可喻。

甲以友情為重，不想讓朋友被忽視，於是機智地採取平衡手段，使乙的內心得到平衡。從消極面來說，可以避免自己被對方敵視，從積極面看，更能夠使友誼更加深一層。

英格麗‧褒曼在獲得兩屆奧斯卡最佳女主角獎後，又因《東方快車謀殺案》中的精湛演出，獲得最佳女配角獎。

她在上台領獎時，一再地稱讚一同角逐最佳女配角獎的佛倫汀娜‧克蒂斯，認為真正有資格獲獎的應該是這位落選者，並由衷地說：「原諒我，佛倫汀娜，我事先並沒有打算獲獎。」

作為獲獎者，褒曼沒有喋喋不休地敘述自己的成就與輝煌，而是表達對落選者的推崇，極力維護了對方的面子。一個人能在獲得榮譽的時刻，如此善待競爭對手，是一種極聰明的處世智慧。

以上兩則小故事告訴我們，一言一行都要為他人的感受著想，切忌使人產生相形見絀的挫敗感。

我們經常可以看見有些人動不動大談自己的得意經歷，這是不好的。聆聽的人非但不會覺得你很了不起，甚至還會認為你是個不成熟的、只懂賣弄「當年勇」的人。所以，除非必要，最好別經常提及自己的得意往事。

當然，每個人都想被評價得高一點，所以明知不可談得意之事，仍情不自禁地大談特談，這是人性中比較麻煩的一面。

當然，完全不談得意之事確實不可能，但在開口同時，有需要注意一下自己的表達方式。

在別人未談得意之事之前，自己也不要談。單方面大談得意之事並不妥當，所以先讓對方發表，自己再跟著說，造成壞印象的可能自然降低許多。

虛榮之心人皆有之，所以必須加以控制。喜歡在他人面前吹噓炫耀光彩一面者，遲早要為自己的錯誤行為付出代價，不可不慎。

越糊塗,越能佔盡好處

原本聰明卻裝作糊塗,可助自己一臂之力,相反的,原本糊塗反裝聰明,則會
把自己送進尷尬的境地,成為別人的笑談。

商場上,與對手的談判,最需要運用種種溝通應對技巧,幫助自己達到「得了
便宜又賣乖」的目標。

自古有云「大勇若怯,大智若愚」,將這句諺語應用到現代社會的經商、談判
中,實在妙不可言。原本膽大如虎,卻表現得膽小如鼠;原本足智多謀,卻表現得
寡言木訥,目的都在矇蔽對手,肆機奪取主導權。

日本某航空公司與美國一家製造商洽談一項合作專案,為此,日方派出三名代

表與美方談判。作為賣方的美國公司，為了抓住這次絕好的商業機會，自然也挑選出幾名精明幹練的高階職員，組成專門的談判小組。

談判並不按常規方式展開，一開始，美方就拚命地宣傳自家產品，將宣傳圖像和資料貼滿了整間談判室，並耗上兩個半小時，利用三台投影機，放映了特地製作的介紹影片。

如此大張旗鼓，目的有二，一是展示自身的強大實力，二則想完全壓制住對方的氣勢。

放映、解說過程中，日方三名代表全神貫注地觀看，不發一語。

結束後，美方一位代表得意洋洋地站起身打開電燈，臉上的笑容流露出取得勝利的信心。然後，他向日方的三名代表說：「請問，你們對我們公司的產品有什麼想法？還滿意嗎？」

不料，一位日方代表滿臉不解地回答：「我們不懂貴公司的意思。」

這句出乎意料的回答，大大傷害了美方代表的心，笑容頓時凝結在臉上，一股憤怒之火往上升。他穩定了一下情緒，繼續問：「沒有看懂？是哪裡不懂呢？我們

可以解釋。」

日方代表彬彬有禮地說：「實在抱歉，全部不懂。」

美方代表強忍著心中的怒火，似笑非笑地問：「那，請問你們是從什麼地方開始不懂的？」

日方代表刻意表現出一副愚鈍的神情說：「自始至終，我們根本沒有弄明白你們的用意。」

日方代表這句話，讓美方代表的自信受到了嚴重的打擊，但為了顧全大局，爭取利益，不得不耐心地重新放映一次宣傳片。這一回，解說速度明顯比上一次慢上許多。

影片放完後，美方代表再次詢問：「這一次總該明白了吧！」

不料，三名日方代表依舊異口同聲地回答：「我們還是不懂。」

美方代表從來沒有遭遇過這樣的對手，自尊受到前所未有的嚴重打擊，徹底失去了信心。只見他癱坐下來，無奈地問道：「你們……你們到底希望我們怎樣做？」

這時，日方的一位代表才慢條斯理地站了起來，說出他們的條件。由於美方代

表的信心和氣勢受到了嚴重的挫傷，最後一敗塗地，日方大獲全勝。

這就是將有示爲無，明明聰明非要裝糊塗，雖然很想得出結果，卻故意不表明心跡，耐心地靜待最佳時機，待對手筋疲力盡時，殺得措手不及。

大智若愚，不僅可以爲自己尋找機會，還可以消磨對方的信心與鬥志，在談判過程中佔據有利位置。

仔細分析，你能看出日方代表取得勝利的決定性原因嗎？

尋找恰當的時機，在對手防備心理降至最低的情況下展開攻擊，往往可以使事情向自己預想的方向發展。商場上，大多數聰明的商家都懂得用「糊塗」來掩人耳目，等待著給對方致命一擊的最好時機。

寧可有爲而示無爲，千萬不可以無爲而示有爲。原本聰明卻裝作糊塗，可助自己一臂之力，相反的，原本糊塗反裝聰明，則會把自己送進尷尬的境地，成爲別人的笑談。

活用別人的經驗，成功就在眼前

經驗，就是眾人的力量。前人已經替你做過無數次的實驗，經歷跌倒、受傷，最後終於開花結果，成為讓你受用的無價之寶。

有人說：「天時不如地利，地利不如人和。只有凝聚起群體的力量，才能讓自己有限的光明，變得更大更閃亮。」

中國也有句俗語說：「不經一事，不長一智。」

很多的經驗都是從失敗中吸取而來，所謂「失敗為成功之母」就是這個的道理。

因此，很多時候，我們必須學習當個經驗的吸收者，在他人的經驗裡學習成功法則。

只是，現在的人大都以自我為中心，不夠寬容的結果，行事當然不夠圓融，很難早一步成功。

歷史上許多成功者都懂得活用別人的經驗法則，如果成功之路是十年，那麼吸收他人的經驗，可以讓你減少摸索七年。

遠古時代，很多動物都還沒找到一套適合自己的生存方式，每天都在失敗中學習與摸索。例如，那時候的蜘蛛，並不像現代的蜘蛛一樣，知道可以將絲結成網捕捉獵物，因此頭腦簡單的牠們，雖然有著吐出絲線的本領，卻還是常常餓肚子。

有一天，一隻餓得發慌的蜘蛛在樹上爬來爬去，想找一點食物充飢，可是毫無收穫，後來終於無力地坐在樹枝上休息。當牠快打起瞌睡時，樹下突然來了一個人，牠好奇地張望著，想看看那個人在做些什麼。

原來那個人就是伏羲氏，正拿著一個像拼盤似的東西，放上許多小樹枝在上面擺弄。蜘蛛看到這些有趣的圖案，也依樣畫葫蘆，按照拼盤上的形狀吐出絲線，織出橫向、縱向的經緯線來，這些線慢慢的形成一張網。蜘蛛還沒完工，就有一些小生物不知不覺地踏進牠的網中，被絲線黏住而動彈不得，蜘蛛因此得以開心地享用一頓大餐。

蜘蛛飽食一頓後,馬上回到家中,將這個發現告訴所有的族人,並且教導大家如何織網來捕捉獵物。

「子子孫孫們,千萬要牢牢記住,這個編織法將成為我們謀生的法寶,而它是來自人類的智慧。」蜘蛛對著族人說了這段話。

有一隻自作聰明的小蜘蛛,因為看不起人類的智慧,堅持不用這樣的方式捕捉獵物,偏要模仿蚯蚓爬行的方法,織出蜿蜒連成一長線的網來。可是,每當小昆蟲碰到牠的網線時,只要掙扎個幾下,網線就立刻破掉,即將到口的獵物轉眼便跑掉了。

幾次下來,小蜘蛛連一隻螞蟻也捉不到,餓得趴在地上,一動也不能動。

「怎麼樣?」一隻老蜘蛛見到這種情況,對小蜘蛛說:「還是接受前人寶貴的經驗吧!要知道,經驗是從痛苦中提煉出來的,它可以讓你少走點冤枉路,以加快成功的速度。」

奧地利作家茨威格說:「人生充滿苦難,必須活用眾人的力量。」

經驗,就是眾人的力量,也是知識的來源。這種知識是珍貴的,因為前人已經

替你做過無數次的實驗，經歷跌倒、受傷，最後終於開花結果，成為讓你受用的無價之寶。

或許你寧可選擇自己嘗試，在失敗中求成長，然而人生又有多少時間可以讓你重來？有多少機會可以等待你的緩慢成長？

活用前人的經驗能讓人在旅途中少走點彎路，減輕沉重的包袱，但卻不會減慢你前進的腳步。

有時候，我們必須選擇搭上「經驗」這班特快車，唯有虛心求教，才是找出最快到達終點，卻不會錯失沿途風景的最佳方法。

川普厚黑學

DONALD TRUMP

左逢源－著

你不能不知道的
川普成功術

《川普煉金術》全新增訂版

川普締造了龐大的商業帝國，累積了傲人的資產，被喻為財富煉金師，他在商場上總是出奇制勝、無往不利，打敗了一個又一個強悍對手。他是典型的人生大贏家，有著非凡的成就，商業大亨、暢銷作家、影視明星、美國總統，四種截然不同的身份，讓他身上的光環更加閃耀，他究竟如何創建川普帝國，如何將財富煉金術發揮到極致，又有什麼不為人知的成功訣竅？

他擁有絕頂的身段，隨時可以屈居人下，且富有一流的世界頂尖名人，什麼都敢說、什麼都敢做的行事風格讓他與他打交道的人琢磨不透，更讓他的對手傷透腦筋。

先看穿對方的心思，
再表達自己的意思

全集

先突破對方的心防，再巧妙說出自己的想法

《黑人不必常學字》
系列暢銷作家

文彥博 編著

成功學大師教我，卡內基曾說：
如果你想要別人接受他們不想接受的要求，只需將這些要求包裝在他們喜歡聽的話語之中。

確實如此，不論溝通、談判或是推銷自己的想法，想要順利達成目的，就必須先看穿對方潛藏的心思，
然後用對方最喜歡聽的話語，巧妙地表達自己的意思。
如果你能在言談間看穿對方正在想什麼，便可以突破對方的心防，牽引對方往自己設定的方向走。

做人靠手腕，做事靠手段

作　　　者　陶　然
社　　　長　陳維都
藝術總監　黃聖文
編輯總監　王　凌
出 版 者　普天出版社
　　　　　新北市汐止區忠二街 6 巷 15 號
　　　　　TEL／(02) 26435033 (代表號)
　　　　　FAX／(02) 26486465
　　　　　E-mail：asia.books@msa.hinet.net
　　　　　http://www.popu.com.tw/
　　　　　郵政劃撥 19091443 陳維都帳戶
總 經 銷　旭昇圖書有限公司
　　　　　新北市中和區中山路二段 352 號 2F
　　　　　TEL／(02) 22451480 (代表號)
　　　　　FAX／(02) 22451479
　　　　　E-mail：s1686688@ms31.hinet.net
法律顧問　西華律師事務所・黃憲男律師
電腦排版　巨新電腦排版有限公司
印製裝訂　久裕印刷事業有限公司
出 版 日　2020 (民 109) 年 3 月第 1 版
ISBN◎978-986-389-710-1　　　條碼 9789863897101
Copyright◎2020
Printed in Taiwan, 2020 All Rights Reserved

國家圖書館出版品預行編目資料

做人靠手腕，做事靠手段／

陶然著.—第 1 版.—：新北市,普天

民 109.03 面；公分. -（智謀經典；21）

ISBN◎978-986-389-710-1（平裝）

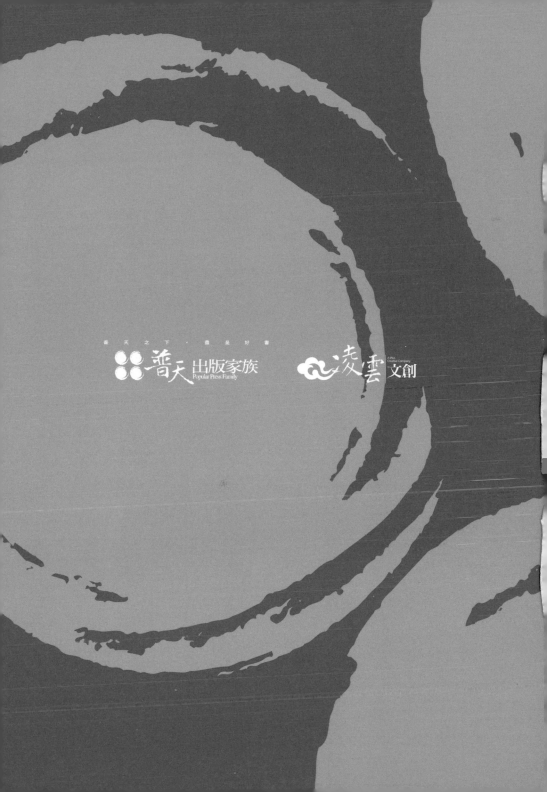